凛とした
日本人になれ

一般社団法人
アジア支援機構代表理事
池間哲郎
Ikema Tetsuro

「読書のすすめ」店主
清水克衛
Shimizu Katsuyoshi

イースト・プレス

はじめに――「宿命」と戦え、「使命」を手に入れよ

清水克衛《しみずかつよし》

人間は生まれたと同時に宿命というものを背負います。

宿命とは、辞書によると、

「前世から定まっている運命」

「避けることも変えることもできない運命的なもの」

とあります。

私が考える宿命とは、次の三つです。


どんな親から生まれたか。

どんな土地に生まれたか。

どんな時代に生まれたか。

この三つは、この世に誕生した時点で誰もが背負うものでしょう。ここから人生はスタートするのです。

歴史に出てくる偉人や英雄は、いま日本に生きる私たちの価値観から言えば、たいてい恵まれた宿命の持ち主ではありません。しかし、彼らはその宿命に逃げることなく挑戦し、どう見ても不利な状況をひっくり返すのです。

織田信長は小さな国の大名でしたが、大きな国に潰《つぶ》されそうになってもそれを見事にひっくり返しました。豊臣秀吉はご存知の通り、極貧の身から天下人となり、徳川家康は幼少の頃、人質という宿命に腐ることなくいつも上を見続け、二六〇年続く、世界に類のない安定した江戸幕府を作り上げました。

言うまでもなく、歴史を鑑《かんが》みれば、日本の歴史にはそういう人物がたくさん存在します。そういう人物を観察してみると、三つの宿命を見事にひっくり返したのち、それぞれの生きる道を見つけ、自分固有の使命に気づき、自分を活かす最良の場で活躍しています。

私たちは概《おおむ》ね、偉人でも英雄でもありませんが、**与えられた場で、この三つの宿命をひっくり返すことを人生の目標としなければなりません。**そして自分なりの使命を見つければ、いのち輝く人生を送ることができるでしょう。人として生まれて自分の命を何かのために使うこと、これこそが最高の幸福なのではないでしょうか。

しかし、三つの宿命をひっくり返すのは大きなパワーがいりそうです。

みなさんはいかがでしょう？

自分に与えられた三つの宿命をただ傍観して、うじうじくどくどしてはいないでしょうか。私は、自慢じゃありませんが、うじうじくどくど派でつい最近まで生きてきてしまいました。

私は昭和三六年の生まれです。父は会社を作り、高度経済成長という世間の波に乗っかって、右肩上がりで会社を成長させておりました。

しかし、私が中学三年の秋に、マイホームを手にする寸前でガンで亡くなりました。食事を残したり、うまいまずいなどと言ったりすると、テーブルをひっくり返すような厳しい父ではありましたが、いつも「お前は偉い人間になるぞ」と上手におだててくれる父でもありました。

お袋は、一七年前に息子のバカさ加減に愛想を尽かし、自ら命を絶ちました。

私がやっている書店「読書のすすめ」は、場所が良くないとか、何かのあやしい宗教じゃないかと開店当初よくウワサされ、なかなかお客様がいらっしゃいませんでした。

こうした私に与えられた宿命を、いままで精一杯ひっくり返そうとしてまいりました。

そうすると、**こんな私でもうっすらと自分の使命が見えてきました。**

あとは死ぬまでその使命を全《まっと》うしようと、張り切っている最中です。

このたび、この本で対談させていただいた池間哲郎《いけまてつろう》先生の宿命は、私のような軟《やわ》いものではありません。

昭和二九年、沖縄生まれの池間先生は、沖縄がアメリカ軍統治から日本に返還される昭和四七年まで、統治といえば聞こえはいいのでしょうが、実質、植民地と言ってもいい時代を経験されているのです。

このような経験は、いまの多くの日本人にはとうてい想像できないものです。

あるとき先生は、仕事で訪れたあるアジアの国で、ゴミの山で働く少女と出会います。そして、ひょんなことからその少女に「あなたの夢はなんですか?」と聞いたところ、

「私の夢は大人になるまで生きることです」

と、予想だにしなかった返事が返ってきました。先生は衝撃を受け、ご自身も予想だにしなかったアジアの貧しい人々に援助をする大変な活動を、一人で背負うことを使命とされたのです。

その後、先生はアジアの国々を訪れるたびに、日本人の偉さを現地の方々から聞かされます。当然、日本人はアジアの国々から嫌われているのではないかと思っていただけに、ここでも衝撃を受けられます。

いままで自分が学校で教わってきた歴史観に疑いを持たざるをえません。いわゆる自虐史観への疑いです。

それからというもの、現地の方々のお話を直接聞いてまわり、調査を重ねた先生は、私たちに「日本人よ！　もっと誇りを持て！」と教えてくださいます。

しかし、私たちの国ニッポンではそのようなことを言うと、残念なことではありますが、誹謗中傷《ひぼうちゅうしょう》する方々が少なからずおられます。

それでも**真実を知ってしまったからには、言わざるをえない**。

そんなことを背負うことも厭《いと》わないのが、池間先生の凄《すご》みなのです。

使命のためにはどんなに重いものをも背負う生き方に、私は多くを学びたいと心底思いました。それが、本書が作られた理由です。

でもね、池間先生はとっても愉快なのですよ。

いつも、ちょっとしたことでも「うっはっはっはっは！」と豪快にお笑いになります。いつも笑顔で人を褒《ほ》めてくださいます。

時には、場が盛り上がってくると沖縄特有の踊り、カチャーシーで大騒ぎです。もっと盛り上がると、朝までカチャーシーでヘトヘトです（笑）。

この本にも、行間にそんな愉快さが含まれていることを感じ取りながら読んでいただきたいと思います。**重たいものを背負ったからこそ、太陽のような明るさが生まれてくる**という事実も、この本でお知らせしたい重要なテーマなのです。

さあ、人生の階段をまずは一つ登りましょう。

凛とした日本人になれ　目次

はじめに――「宿命」と戦え、「使命」を手に入れよ（清水克衛）　3

1章　米国の「洗脳」から目覚めよ

「嫌われる勇気」を持て　18
日本はいま「四度目の大変化」の時期だ　21
占領下の沖縄で経験したこと　24
米国の「支配」はまだ終わっていない　28
どうして白人なんかに憧れるのか　32
歴史は「五〇〇年前」から考えよ　36
日本人はもっと日本に学ぶべき　40

「喜び」がすべての原動力になる 44
人間の根本をつくるのは「読書」だ 49
「偶然の出会い」を大切にしよう 54
日本人を狂わせたGHQの「洗脳工作」 57
九九%の人が知らない「武士」の素顔 62
不当におとしめられている「軍人」たち 66

2章 戦後日本人が失ったもの

夢をかなえる「ゴーヤの法則」 72
福田恆存の「この言葉」が人生を変える 75
私たちは大きな「渦」の中で生きている 78
実は日本は「左傾化」している 83
日本人の「凄み」はここにある 87

「公」のために生きるのが本来の日本人 89
歴史を知れば仕事だってうまくいく 93
「当たり前」を疑え 96
なぜ日本は植民地にならなかったのか 99
勝者に「封印」された真の偉人たち 103
「ネトウヨ」とは一緒にされたくない 106

3章 奪われた「魂」を取り戻せ

わが子を「洗脳」から守るために 112
「自分の楽しみ」ばかり考えるな 116
真に「上品な人」がやっていること 120
「石」を投げる勇気を持て 124
もっと「粋」な人間になりなさい 128

「負」の経験こそが人を強くする　131
神道が教えてくれる日本の心　136
「行動カメラマン」と「本のソムリエ」　138
世界に誇れる日本の「ものづくり」　141
いまも台湾に残る「アサリ精神」とは　145
これが「大和魂」というものだ　150

4章　人生を後悔しないために

成功者に共通する二つのこと　154
沖縄をだめにした二大新聞　157
頭のいい人がやっているすごい読書術　160
日本人に受け継がれてきた「DNAの命」　164
「教育」を大切にしてきた日本人　167

こんなに違う日本とアジアの「働き方」 171
日本は「世界一明るい国」になれる 174
心の底ではみんな日本が大好きだ 179
いまこそ「軍人」を再評価せよ 182
これからの人生は「大我」に生きよ 186
命があることのありがたみを知る 190
孤独な「消費者」から情深い「生産者」へ 195

5章 凛とした日本人になれ

「議論」ではなく「公論」をせよ 200
昔の日本人はこんなに「真剣」だった 204
「日本がいちばんだ」と胸を張れ 208
東京の人はなぜ声を上げないのか 212

「平和」よりも大切なものがある 216
「一割」の若者が明るい未来をつくる！ 220
起業する人が必ずやっておくべきこと 224
貧困と戦争は永遠になくならない 226
若者たちに伝えたい「本物の読書体験」 231

おわりに――すべての日本人に「誇り」と「勇気」を（池間哲郎） 234

装幀　フロッグキングスタジオ

1章

米国の「洗脳」から目覚めよ

「嫌われる勇気」を持て

清水　池間先生と最初にお会いしたのは、一〇年くらい前でしたね。共通の知り合いが引き合わせてくれたんですが、正直、最初はちょっと怖いイメージがありました。講演中、そのへんを走り回っている子どもの親に、「座らせろ！」って怒っていらっしゃいましたよね。震え上がりました（笑）。

池間　当時は私も若かったね（笑）。ただ、子どもは悪くないんですよ。**それを放っておく親が許せない**んです。公共の場に連れてくる以上、静かにさせる義務が親にはある。

清水　怒るというより、「しつけ」ですね。

池間　赤ちゃんがギャーギャー泣いているのは、しかたないですよ。それについては何も言いません。ただ、子どもが五歳くらいになったら、「公共の精神」をきちんと教えないといけない。そして、ほとんどの子は、叱ればちゃんと言うことを聞くんですよ。親がそのことに気づいてほしい。本当はあなたの子どもはできるんだよ、ということを伝えたくて、嫌われることを覚悟で注意しているんです。

清水　最近、人から恨まれたくない、嫌われたくないという人が増えているように思います。子どもからも恨まれたくない、嫌われたくないから、親やまわりの大人が何も言えない。

池間　**親がもっともやってはいけないことは、子どもに対して媚《こび》を売ること**です。どうして子どもに好かれようとするのか。好かれる必要なんてまったくないと思う。

清水　おっしゃる通りだと思います。まったく同じことを、＊1『魂の燃焼へ』で対談させていただいた＊2執行草舟《しぎょうそうしゅう》さんも言っていました。先生が支援していらっしゃるアジアの国々では、子どものしつけはどんな感じなんですか？

池間　悪いことをしている子どもがいたら、まわりの大人がぶん殴ります。親じゃないですよ。もちろん、親がいたらもっとぶん殴るんですが、それよりまわりの大人が「馬鹿もん！」と言ってぶん殴ったり、足で蹴ったりする。でも、昔の日本ってそんな感じでしたよね。私はそれが当たり前だと思う。

清水　僕も子どものころは、近所のおじさんによく怒られましたね。どうしてその文化がなくなってしまったんでしょうか。

池間　やはり、戦後教育の問題が大きいですね。**個人の権利ばかり肥大して、公共性が失われてしまった。**

清水　このあたりが、本書のメインテーマになってきそうですね。

＊1　『魂の燃焼へ』　二〇一五年にイースト・プレスより刊行された、執行草舟氏と清水克衛による対談集。高校生からお年寄りまで、幅広い層から熱狂的に支持され、いまなお版を重ねるロングセラーとなっている。

＊2　執行草舟（一九五〇‐）　実業家、著述家、歌人。生命の燃焼を軸とした生き方を実践・提唱している生命論研究者。著書に『生くる』『友よ』『根源へ』（講談社）などがある。

日本はいま「四度目の大変化」の時期だ

清水　日本という国は海に囲まれた島国で、他国から攻め込まれにくいうえ、水や食べ物も豊富にあります。だから日本人は、これまであまりものを考えなくてもやってこられた。ところがそんな日本人にも、**長い歴史の中で三度だけ、本気で勉強した時代がありました**。最初は中国という国を知ったとき。聖徳太子の時代ですね。すぐ隣にこれほど進んだ国があるのか、うかうかしていられないぞと思って勉強した。二度目が幕末。黒船がやってきて、このままでは列強の植民地になってしまう、なんとかしないとやばいぞと思って勉強した。三度目が敗戦。こんな焼け野原のままではまずいぞ、なんとか復興しなければと思って勉強した。

池間　面白い見方ですね。裏を返せば、われわれ日本人は、外圧やアクシデントのおかげで成長してきたとも言える。

清水　ええ、日本人とはそういう民族だったはずなんです。そして、**いままさに「四度目の勉強の時期」が到来している**と思います。二〇一一年に東日本大震災を経験して、消費拡大の名のもとに、エネルギーをバンバン使うことにみんな疑問を持ち始めた。「では、これからどうするか」ということを、日本人全体で考えなきゃいけない時代に入ったと思うんです。

池間　いまの日本を見ていると、私は明治中期ごろに似ているなと思います。幕末の混乱期には、維新の志士たちにも、幕府の侍たちにも、まだ「日本をこれからどうしていこうか」という気概がありました。けれども明治に入り、社会が安定するにつれて、その気概をすっかり失ってしまった。残ったのは、文明開化という名の「欧米みたいになりたい」という欲だけ。いまの日本と同じような、自国を卑下する風潮もあったと思います。当時の日本のムードと、いまの日本のムードが、私の中ではすごく重なるんですよ。

清水　妙にうわついた感じが、そっくりかもしれません。だいたい、「開化」なんてする必要あるんでしょうか。欧米のどの国より、日本のほうがはるかに古い歴史を持っているのに。

池間　神武[*3]天皇が即位した年を元年とする、**私たちの「皇紀《こうき》」というカレンダーでは、日本には二六七六年もの歴史がある**んですよ。これって実は、本当にすごいことなんですよ。どの国の人からも「日本人がうらやましい」って言われます。私たちがこれほどの長い歴史を持っていることを知るだけでも、みんなもっと自信を持つようになるでしょう。

清水　その長い歴史だって、たまたま続いたわけではないですからね。築き上げてくださった、無数の先輩たちがいるわけです。恥ずかしながら、僕がこうしたことに気づいたのは、ごく最近のことなんです。池間先生との出会いや、たくさんの優れた本との出会いのおかげで、ようやく気づくことができた。振り返ってみると、いままでどれだけ恥ずかしいやつだったのかと、反省することしきりです。

池間　いやいや、気づいただけでも素晴らしいですよ。気づいていない人が、いまの日本では大多数ですから。私も、もっと頑張って伝えていきたいと思います。

＊3　神武天皇（紀元前七一一年 - 紀元前五八五年）『古事記』『日本書紀』に記されている日本国初代天皇。

占領下の沖縄で経験したこと

清水　先生は一八歳のとき、沖縄返還[*4]を経験されています。つまり、それまで沖縄は日本ではなかった。東京で生まれ育った僕からすると、まったく想像がつかないんですよ。

池間　なるほど、そうでしょうね。私は一九五四年、那覇市で生まれ、親父の仕事の関係で西表島《いりおもてじま》、石垣島、嘉手納町《かでなちょう》、本部町《もとぶちょう》へと移り住みました。その後、小学六年生の夏休みに米軍基地の街、コザ[*5]へと引っ越したんです。米兵たちが我がもの顔で闊歩《かっぽ》する荒れた街でした。それこそ、みじめな思いもたくさん経験しましたよ。米兵たちはやりたい放題。自分の目の前で、沖縄女性が米兵に強姦《ごうかん》されるような野蛮な事件も起きていた。

清水 まさに「植民地」ですね。

池間 いまでは信じられませんが、当時は米兵が日本人を殺したり、婦女暴行を働いたりしても、罪に問われず無罪になったり、本国送還でおしまいになったりということが多かった。そりゃあ、悔しかったですよ。当時の沖縄には、米国からやってくる高等弁務官という人がいて、彼のひと言で、ぜんぶひっくり返るんです。人を殺そうが何をしようが、高等弁務官が「無罪」と言えばおとがめなし。法律なんてあってないようなものですよ。当時は**「すべての米国人は悪党だ。米国人には死んでも負けない！」とずっと思っていました。**

清水 経験から生まれる、真実の義憤ですね。このあたりが、僕らと先生の決定的な違いかもしれません。感覚が根っこから違う感じがする。

池間 本土の人たちは、どうやら白人が立派に見えるらしいですね。その感覚、自分にはまったくないんですよ。白人なんて、単に身体がでかいだけじゃないですか（笑）。

そのことに気づかせてくれたという点では、沖縄に生まれてよかったなと思います。

清水　自分は生まれも育ちも東京なので、そういうお話をうかがうと、**いかに自分が苦労や、涙や、つらさを経験しないまま育ったか、痛感する**んです。

池間　たしかに異民族に支配される悔しさは、本土の人には絶対にわからないと思う。いまでもよく覚えているのは、当時暮らしていたボロボロの家の向かいに、米国人の住宅街があったんです。高いフェンスで囲まれていて、電気がこうこうとついていて、クーラーががんがん効いていて、見たことのないような車が走り、おもちゃがいっぱいあった。僕らは決して「いい子」ではなかったから、有刺鉄線を金ノコで切って、こっそり中に入って、自転車とかおもちゃをくすねていた。そして、それを「戦果だ」って言っていたの(笑)。

清水　度胸ありますね(笑)。

池間　でもあるとき、MP(ミリタリー・ポリス)に見つかったんです。そうしたら、子ども相手に銃を向けてきた。驚いて必死になって逃げましたよ。それ以来、「戦果」をあげるのはやめました(笑)。この話からもわかるように、日本人を犬っころとしか思っていないんですよ、少なくとも当時は。それが彼ら白人の本心だったんです。

ところが一五歳のとき、私に大きな変化をもたらすできごとが起こりました。憎っくき米国人に負けてはならぬと思い、米兵たちであふれる歓楽街の空手道場に通い始めたんですが、そこで素晴らしい米国人たちと出会ったんです。彼らは沖縄の文化を尊び、道場主や師範を心からうやまい、真剣に空手を学んでいた。**「そうか、米国人にも良い人はたくさんいるんだ。沖縄の人にも悪い人はいるんだ」**と、初めて気づいたんです。妙にうれしく、不思議な感覚でした。おかげさまで、そのときから反米感情はなくなりました。日本にとって日米同盟がいかに大切かということも、いまでは充分に承知しています(笑)。

＊4 沖縄返還 一九七二年五月一五日、沖縄の施政権が米国から日本に返還されたこと。一九六九年、当時の佐藤栄作総理大臣と、リチャード・ニクソン大統領との会談で合意に達した。
＊5 コザ かつて沖縄本島中部にあった市。一九七四年、隣の美里村と合併、沖縄市となった。米軍嘉手納基地の「門前町」として栄えた。

米国の「支配」はまだ終わっていない

清水　先生が支援していらっしゃるアジアの国の多くも、かつては長きにわたって欧米の植民地下にありました。やはり彼らアジアの人々にも、池間先生のような「白人には負けない」という気持ちがあるんですか。

池間　残念ながらないかもしれません。それどころか、「統治時代のほうがよかった」「もう一度、植民地にしてほしい」と言う人も少なくない。いまだにアジアの多くの人々は、白人のことを「マスター」と呼びますからね。つまり「ご主人さま」という意味です。

清水　その点、われわれの祖先は、すごく立派な思想を持っていたのですね。

池間　結局、この問題の根っこも、やはり教育なんですよ。**植民地時代、白人たちにどんなことをされたのか、ほとんど教わっていないんです。**アジアでは唯一、ラオスだけですね。ラオスでは、かつてフランス人が自分たちに何をしたのか、教えているようです。だからラオス人の中には、フランス人のことを嫌っている人が多いですよ。私がラオスに行くと、「連中を追い出してくれた日本には感謝している」と、よく言われます。

清水　いまの日本は、とにかく米国に弱いですね。政治家も、財界人も、庶民も、米国人を「マスター」と呼ばんばかりの勢いで(笑)。

池間　そこが日本の特殊なところなんです。実は米国は、アジアのほとんどの国で嫌われています。**ここまで米国のことが大好きなのは、世界的に見ても日本人とフィリピン人くらい**かもしれません。とにかく米国は、いろいろな国から嫌われています。それなのに日本人は、「世界でいちばん嫌われている国はチャイナだ」と思っているふしがある。ところが現実は、それほど嫌われていません。むしろ愛されている。なぜなら、お金をバンバン出すからですよ。それに、ウイグルやチベットとの問題はあるにせよ、米国と比べればひどい戦争を起こしていない。

清水　冷静に考えてみるとそうですね。

池間　米国は世界中でやりまくってきましたからね。当然、世界でいちばん嫌われている国、恨まれている国は米国になりますよ。ところが日本人は、原爆まで落とされたのに、なぜか米国のことが大好きです。いったいなぜなのか、アジアの人たちはみんな不思議がっています。

清水　それも戦後、彼らが行なった「洗脳」の結果でしょうか。

池間　そうでしょうね。私はとくに、公職追放[*6]が大きかったと思っています。GHQ（連合国軍最高司令官総司令部）は、愛国心を持った学校の先生や、日本の歴史や文化を研究していた学者など、二〇万人以上の人々を社会的に抹殺しました。そのあとがまに座ったのが、東京大学の南原繁《なんばらしげる》[*7]をはじめとした、バリバリの左翼思想を持った人たちです。**彼らが教育界のトップに居座ってしまったことが、すべての元凶**だと思っています。

清水　学校では日教組《にっきょうそ》[*8]に洗脳され、家ではテレビに洗脳され、米国のことが大好きになるのも当然ですね。

池間　私だって、最初に見たテレビドラマは『コンバット！』[*9]でしたから。米兵がヒーローとして描かれ、ドイツ兵はみんな悪者。西部開拓時代の家族を描いた『大草原の小さな家』[*10]なんかも流行《はや》っていたけれど、ネイティブ・アメリカンを虐殺しまくっておきながら、何言っているんだって話でしょ（笑）。

清水　僕は『奥さまは魔女』[*11]ですね。大きな冷蔵庫と、大きなテレビ、クーラーがずっとついていて、米国の家庭はいいなあ、うらやましいなあと思っていた。うちはそのころ、四畳半一間に家族四人で住んでいましたから、憧れましたね。あと、登場している女優さんがみんな美人だなあと口を開けていましたね、たぶん（笑）。

＊6　公職追放　GHQが行なった占領政策の一つ。戦犯、軍人、戦争協力者とみなされた二〇万人以上の人々が、職場や組織から追われることになった。

＊7　南原繁（一八八九 - 一九七四）　政治学者。一九四五年から六年間にわたって、東京帝国大学の第一五代総長を務めた。

＊8　日教組　日本教職員組合の略称。教員および学校職員による労働組合で、かつては社会党と共産党の支持母体の一つであった。

＊9　『コンバット！』　一九六二年より五年間にわたって放映された、米国のテレビドラマ。第二次世界大戦下の、ある米陸軍歩兵隊の日常と活躍を描く。

＊10　『大草原の小さな家』　一九七五年より七年間にわたって放映された、米国のテレビドラマ。西部開拓時代

＊11　を舞台に、ある一家の家族愛を描いている。

『奥さまは魔女』　一九六六年より放映された、米国のテレビドラマ。魔女と結婚した新婚家庭をユーモラスに描いたホームコメディ。

どうして白人なんかに憧れるのか

池間　私は沖縄で育ったから、その罠《わな》に気づいたのかもしれません。だって**私が小さいころは、沖縄の男たちはみんな白人に興味なんてなかった**ですよ。憧れるだなんてとんでもない。白人女性のことも「肌はざらざらしているし、ヤギみたいな目をしているし、気持ち悪い」って言っていた。悪口じゃないですよ。それが当時の沖縄の男たちの一般的な感覚だったんです。一方、そのころ本土の男たちの多くは、白人女性を崇め奉っていたわけでしょう(笑)。

清水　僕なんか完全に洗脳されています。以前、ある女性誌の取材で出版社に行ったら、たまたま白人女性のモデルさんが歩いていたんですよ。もう、固まりました（笑）。なんてかっこいいんだと思って。

池間　たしかにパッと見はきれいですよね。手足が長くて、スタイルがよくて。でも、よく見ると大したことないですよ。私はやっぱり、日本の女性がいちばん素敵だなと思います。

清水　余談ですが、池間先生はよく「うちの奥さんは美人だろう」っておっしゃいますよね。なかなか言えないことだなあ、と思うんですが。

池間　**女性をほめるのは男の義務**ですから（笑）。私は女性と出会ったら、どこをどうほめるか必ず考えます。たとえ、どんなおばちゃんでもね。

清水　「博多の歴女」としてご活躍の*12白駒妃登美《しらこまひとみ》さんに、以前、こんな言葉を教えていただきました。「女性は一六歳だと思って接しなさい。男性は六歳児だと思って接しなさい」。

池間　たしかにそうかもしれない（笑）。それにしても、日本の女性は本当に人気があ

ります よ。どこの国に行ってもモテます。あのチャイナでさえ、日本の女性の悪口は言いませんから。なぜここまで崇め奉るのかと思うくらい、みんな大好きです。ただ**残念なことに、日本の男はあまりモテない**ですね。どうやら軟弱に見えるらしい。

清水　日本男児としては残念です。白人の男はモテるんですか？

池間　沖縄では、白人を嫌っている女性も少なからずいます。沖縄は食えない時代が長かったから、米国人と結婚した女性も多かったんですよ。ところが、私のまわりでも八名くらいの沖縄女性が米国人と結婚しましたが、残っている夫婦はたった一組です。実際に付き合ってみたら、とんでもないですよ。暴力はすごいし、頭もよくない（笑）。

清水　そうなんですか。

池間　昔はよく、米兵に馬鹿にされましたね。酒場で酒を飲んでいると、「おい、お前、字書けるか?」って絡んでくる。こっちも酒が入っているから、「そんなの当たり前だろ」って、適当な英語でバンバンやり合うんです。それで私が、「じゃあ、お前は自分の国の大統領がわかるか?」と聞くと、ニクソンの時代なのに「ケネディ」だって答えるんです。ケネディが殺されたことも知らないんですよ。「ニューヨークがどこにあるか知っているか?」と聞くと、ロサンゼルスを指さす人も多かった。**米国人なのに、ニューヨークの場所を知らない**んです。たしかに一部のリーダーはものすごく頭がいいけど、ほとんどの米兵はアンポンタンだったね(笑)。

清水　先生からすれば、どうしてそんなやつらに憧れるんだろうと、不思議でならないでしょうね。僕をふくめ本土の人間は、そこまで米国人と深く付き合ったことがないから、妙な幻想を抱いてしまうんだと思います。

池間　ただ、同じ米国人でも、白人と黒人とではちょっと違うんです。「白人に比べたら黒人のほうが優しかったよ」と言う人は多い。

清水　黒人も白人に虐げられた歴史があるからかもしれませんね。最近とくに思うのですが、人は悲しみを通じてしか理解できないことがあるなと。

＊12　白駒妃登美　「博多の歴女」の異名を持つ作家、歴史研究家。おもな著書に『人生に悩んだら「日本史」に聞こう』（ひすいこたろう氏との共著、祥伝社）、『感動する！　日本史』（ＫＡＤＯＫＡＷＡ）などがある。

歴史は「五〇〇年前」から考えよ

清水　家庭でのしつけにしても、学校教育にしても、教育というのは本当に大事ですね。

池間　教育こそが国家の根幹ですから。日本人が自信と誇りを失ったのは大東亜戦争の敗戦以降ですが、ではなぜ大東亜戦争は起こったのか。そのことを教師がきちんと学ぶべきです。多くの人は「大東亜戦争は真珠湾攻撃から始まった」って教えられましたよね。それではあまりに近視眼的です。私はいつも**「五〇〇年前から考えなさい」**と教えています。

清水　きわめて重要な考え方ですね。僕もよく「そもそも論で考えよう」と、若い人たちに言っています。物事の根源を理解しないと、現在のことはわからない。

池間　スペイン、オランダ、英国、フランス、ドイツ、米国、ベルギーといった白人国家の植民地政策が、いったいどのようなものだったのか？　彼らがどれだけ有色人種をいじめ、搾取し、殺してきたのか？　「そもそも論」で考えなくてはいけませんね。日本も他のアジアの国々と同じようにいじめられ、ギリギリまで追いつめられ、その結果として真珠湾攻撃があり、大東亜戦争が起こったんです。

清水　先日、ある本を読んでびっくりしたんですが、大東亜戦争当時、日本の軍事力は世界第三位だったそうですね。まさか、そんなに強かったとは思わなかった。歴史というのは、知れば知るほど驚くことばかりです。

池間　有色人種がここまでやったのは、驚愕《きょうがく》のひと言ですよ。大東亜戦争では負けてしまいましたが、日露戦争では、実際に当時の大国、ロシアを破っているんですから。その代わり戦費がかさんで、ばく大な借金を背負うことになりましたけどね。ぜんぶ払い終わったのは、なんと一九八六年です。そんな大借金を背負ってまで、日本は最後まで戦い抜いたということです。

清水　大したものですよね。**みずから歴史を学ぼうとしなければ、決して知りえないことかもしれません。**

池間　ところが、こういうことを言うと、左寄りの人や、一部のアジアの人たちからよく絡まれるんです。「戦時中、日本人はこんな残虐なことをしたじゃないか」って。そんなとき、私はこう言うんです。「あなたの考えは否定しない。戦地において、一部の日本人が暴走したこともあっただろう。ただ、これだけは知っておいてほしい。**世界で初めて〝人間はみんな平等だ〟と宣言したのは、われわれ日本人だ**と」。

清水　初めて知りました。

池間　パリ講和会議[*13]で、私たちの先輩は白人たちを前にして、「人間はみんな平等だ」と宣言したんです。有色人種はサルだと思われていた時代に、正々堂々ぶつかっていった。残念ながらこの宣言は、白人たちによって否決されてしまいました。しかしその信念は、大東亜戦争に敗れるそのときまで、いささかも曲げることはなかった。命をかけて貫き通したんです。**そんな人たちの子孫であることに、私は大きな誇りを持っています。**

清水　涙が出そうです。

池間　だから日本を尊敬する国家元首も多いんですよ。キューバのカストロ[*14]議長も親日家として有名です。大東亜戦争で原爆を二発も落とされ、徹底的に叩き潰されたにもかかわらず、そこから立ち上がって奇跡的な復興を遂げたこの国を尊敬している。広島の原爆ドームを訪れ、献花、黙祷し「人類の一人として、この場所を訪れて慰霊する責務がある」とまでコメントし、WBC（ワールド・ベースボール・クラシック）では原辰徳監督を絶賛、イチローを「世界最高の打者」とほめ称えました。また、トルコ建国の父と呼ばれる初代大統領、ケマル・アタテュルク[*15]は、机の上に「明治天皇の肖像」を置いていたそうです。こうしたエピソードがもっと日本人に広まれば、みんなもっと自信を持つと思うんですけどね。

＊13　パリ講和会議　一九一九年、フランスのパリで開催された国際会議。戦勝国を中心に、第一次世界大戦の戦後処理について論議が行なわれた。

＊14　カストロ議長（一九二六-）　キューバ共和国の元最高指導者、フィデル・カストロのこと。一九五九年、キューバ革命を主導し、同国を社会主義国に変えた。

＊15　ケマル・アタテュルク（一八八一-一九三八）　トルコ共和国「建国の父」。トルコ独立戦争の英雄として名を馳せ、一九二三年一〇月二九日、六〇〇年続いたオスマン帝国の支配から独立を宣言。初代大統領に就任した。

日本人はもっと日本に学ぶべき

清水　われわれ日本人は、古代は中国に学び、幕末は英国、ドイツなどヨーロッパに学び、戦後は米国に学びました。けれども、いまは学ぶべき国がどこにもない。**いまこそ日本人は、日本に学ぶべきではないでしょうか。**

池間　おっしゃる通りですね。私たちは、もっと祖国を知るべきです。アジアの国々をまわっていて衝撃を受けるのは、子どもたちが祖国の成り立ちを、しっかりと言えることです。たとえばスリランカ。この国の神話には、スリランカ人は獅子《しし》から生まれたとある。だから子どもたちが「僕はライオンの子どもだ！」と誇り高く語るんです。

清水　かっこいいですね（笑）。

池間　大人たちが徹底して教えていますからね。ところが日本には、祖国の成り立ちを言える人が、子どもどころか大人にもほとんどいない。たとえば、「日本の最初の神さまは誰ですか？」と尋ねても、誰も答えられないでしょう。本来は、「天之御中主[16]《あめのみなかぬしの》神《かみ》」と、即座に答えられなくてはいけません。

清水　西郷隆盛[17]を知らない子もいますよ。先日、二〇歳の女性に西郷さんがどれだけすごいのかを一所懸命話していたら、「西郷さんって誰ですか？」と言われてガクッときました（笑）。

池間　私は『古事記』[18]から、きちんと教えるべきだと思っています。**天皇陛下や皇室のことも、小さいうちからきちんと教えたほうがいい。**いまは皇室のありがたみが薄れて、「皇居なんて売ってしまえ」と言う人さえいますから。

清水　でも、しかたないとも思います。自分も小学生のころは、正月になると家族で皇居の一般参賀に行っていましたけど、どうしてみんな万歳をするのか、どうして日の丸を掲げるのか、その意味を親から聞いたことがないんですよ。たぶん、父も母もよく知らなかったんだと思う。ようするに、教える必要のない、当たり前のことだったのでしょう。

池間　でも、清水店長のご両親は、正月に皇居へ参ることを大切なことだと感じていらっしゃった。それだけでも立派だと思いますよ。私と同世代や、七〇代の先輩の中には、戦後教育のおかげで「日本は悪者だ」「日本人は残虐だ」と刷り込まれている方々も多いですから。しかもその刷り込みが、子どもたちの世代、孫たちの世代へと引き継がれているのが問題なんです。

清水　だから池間先生の講演を聴くと、みんなびっくりして声も出なくなる。先日も後ろのほうで聴いていたんですけど、会場が水を打ったように静まり返るんですよ。でも、いまの若い子たちは、僕らや、僕らの上の世代と比べて素直ですから、きちんと教えれば「日本ってこんなにすごい国だったんだ」って必ずわかってくれる。ようするに、単に「知らない」だけなんですよ。

こういう話をしていると、右翼だなんだって必ず言われますよね。でも僕から見ると、池間先生は「中庸」なんです。決してどっちかに偏っているわけではない。バランス感覚を持っていらっしゃるところが、池間先生のすごいところだと思います。

池間　そう言っていただけるとうれしいですね。**私の考え方は、保守というよりむし**

ろ、**リベラルに近い**と思うことがよくあります。読書でも、保守と呼ばれている人の本より、リベラルと呼ばれている人の本を読むことが多い。

清水　池間先生のおっしゃっていることって、言い方はよくないかもしれませんが、「当たり前」のことだと思うんです。

池間　その通りですよ。だって、祖国を愛するって当たり前じゃないですか。日本に生まれたから、日本人としての誇りを持つ。何が悪いのでしょうか。それを「右翼思想だ」と言われるなら、もうしかたないですね。

＊16　天之御中主神　日本神話における最高神。『古事記』では、天地開闢（世界の始まり）の際、高天原（天上界）に最初に現れた神であるとされている。

＊17　西郷隆盛（一八二八‐一八七七）　薩摩（現在の鹿児島県）生まれの武士、政治家。明治維新の指導者として、江戸城無血開城を実現、王政復古のクーデターを成功させた。

＊18　『古事記』　日本現存最古の歴史書。七一二年、太安万侶（おおのやすまろ）の手によって成立した。

「喜び」がすべての原動力になる

清水　以前、池間先生からうかがってすごく感動したのが、「五一対四九」の考え方です。

池間　それはいつもみんなに言っていますね。私はボランティアをやっているけれども、別に聖人君子ではないんです。人の悪口も言うし、ウソもつくし、たばこも吸う（笑）。でも、私はそれを否定することはしない。ただ、**そういう自分の悪いところ、弱いところを認めたうえで、ちょっとだけそれを上回ることをするんです**。よいところが五一％、悪いところが四九％でかまわない。ほんのちょっとだけ上回ればいい。それが私のいちばんの人生訓ですね。

清水　ほんのちょっとだけとおっしゃいますが、先生がとり組んでいらっしゃるボランティアは、なかなかふつうの人にはできないですよ。面倒くさいこともいっぱいあるでしょうし、何か見返りがあるわけでもない。なのに、一部の人からは中傷されたりもする。

池間　詐欺師だ、右翼だ、宗教だって、さんざん言われてきましたが、さすがに慣れましたね。昔は私もいちいち反応していましたが、いまはもう、他人さまの言うことを気にするのはやめました。**「自分が何をやりたいか」だけを大事にしています。**

清水　これぞまさに、執行草舟さん言うところの「垂直の生き方」だ。

池間　私はヨーロッパに行ってきれいなものを見たり、美味《おい》しいものを食べたりするより、アジアのゴミ捨て場にいる子どもたちと会っているほうが楽しいんです。その子たちが自分にとって大切な存在で、ずっと生きていてほしいと思うから、自分にできることをやっているだけ。だから、別に大したことをやっている気はしないんですよね。

清水　ボランティアは「喜び」なんですね。

池間　中傷してくる人たちは、この「喜び」を理解できないんですよ。こんなに大変なことをわざわざやっているのは、カネがたくさん入ってくるからだって思っている。

でも、いちいち反論してもきりがないですから。「どうぞ、なんでもおっしゃってください」と、ぜんぶ受け入れるようにしています。

清水 すごいですね。僕なんか、自分の書いた本に星一つのレビューをつけられただけで、一日、立ち直れませんから（笑）。それでは、志《こころざし》や使命感のようなものを、最初からお持ちだったんですか？

池間 いえいえ、そんなのゼロですよ。目の前で生きよう、生きようとしている命と接しているうちに、奉仕する喜びがだんだん芽生えてきて、それで「もっとやってみよう」「もっと頑張れる」と思いながら続けてきただけです。**もし、自分に志のようなものがあるとすれば、それは子どもたちが教えてくれたん**ですよ。真っ黒けで、ゴミまみれで、お尻もふいていない。そんな小さな子どもたちが、私の「先生」なのかもしれません。

清水 またまた涙が出そうです。たまにうちの店に、「僕が日本を変えてやる！」みたいな鼻息の荒い若者が来るんですが、ちょっと違和感を覚えるんですよ。

池間 よくわかりますよ。ボランティアで東日本大震災の被災地に行ったときも、音楽をやっている若者が、「僕の歌で元気を出してくれ！」って叫んでいるのを見ました。正直、やめてくれって思いましたよ。そうじゃなくて、あなたが被災者の方たちから何を学ぶかじゃないのって。途上国のボランティアでも、ほとんどの日本人は、現地の人たちを下に見ます。「助けてあげる」とか「私が変えてみせる」っていう言い方をするんです。それって、完全に上から目線ですよね。本人には上から目線という意識もないから、それが怖いなと思います。

清水　本人も気づいていない差別意識ですね。

池間　私には、**子どもたちに対して「助けてあげる」という気持ちはまったくない**です。やっぱり人間関係は対等じゃないと。相手を大事に思って、相手から学ぼうとすれば、やるべきことは自然と見えてきます。

清水　僕の友人に、福島原発関係で働いていた男がいるんです。東日本大震災が起こる前日まで、当時の[*19]吉田昌郎《よしだまさお》所長と一緒に酒を飲んでいたくらい、内部の事情もよく知っていた男でして。そんな彼が、家族と一緒に避難所にいたとき、ちょうど原発が爆発したんです。それで「これは本当にまずいぞ」と思って、車でもっと遠くへ逃げようとした。そうしたら、小学五年生の長男が「逃げたくない」って言ったそうなんです。「どうして？」と聞くと、「困ったときは助け合えって、いつもお父さんが言っているじゃないか。なのに、どうしてうちだけ逃げるんだ」と。避難所にいるおじいさんやおばあさん、小さな子どもたちを置いて逃げるわけにはいかないって、抵抗したんだそうです。

池間　立派ですね。気高い心を持ったお子さんです。

清水　その友人も父親として、言葉を失ったと言っていました。子どもたちの純粋さには、大人たちも学ぶところが多いですね。

＊19　吉田昌郎（一九五五 - 二〇一三）福島第一原発元所長、東京電力（株）元執行役員。東日本大震災において発生した、福島第一原発事故の収束作業を指揮した。二〇一三年、五八歳の若さで逝去。

人間の根本をつくるのは「読書」だ

池間　アジアの国々の大学生は、みんな口をそろえて「日本がうらやましい」と言います。というのも、**古今東西のあらゆる本が母国語に訳されているのは、アジアでは日本くらい**なんです。私たちは、原書に当たらずとも、膨大な本を日本語で読むことができる。そのことを当たり前のように思っていますが、実はすごく恵まれているんです。

清水　それは明治時代の人たちが偉かったと聞いたことがあります。彼らは外国語を日本語に置き換えていく作業を、ものすごく細かくやったんです。たとえば「THANK YOU」という言葉一つとっても、「日本語でいちばん近いのはどんな言葉だろう」って知恵をしぼって考えた。「THANK YOU」を「有《あ》り難《がと》う」と訳したのは、見事としか言いようがないですね。ところが、その大変な作業を、他のアジアの国はほとんどやっていなかったといいます。だから、いざ翻訳しようとしてもなかなか進まない。

池間　日本人は英語が下手くそだってよく言われますけど、当然かもしれませんね。**必要な本はたいてい日本語に翻訳されているから、英語を学ぶ必要性に迫られないんで**すよ。

清水　アジアの庶民の人々は、本は読むんですか？

池間　ごく一部の人だけですね。読書の習慣じたいがあまりない。本屋さんにしても、日本にあるような大型店はほとんど見たことがありません。ほとんどのアジアの国では、お金を持っている人が偉いんですよ。偉い人、イコールお金持ちなんです。たとえ素晴らしい小説を書いた作家でも、貧乏だったら相手にされない。日本だったら、そんなことないでしょ。

清水　先生が教鞭《きょうべん》をとっていらっしゃる大学や、「日本塾《にっぽんじゅく》」[*20]、あるいは学校の講演などで、若者と接する機会はたくさんあるかと思うのですが、最近の若者について何か思うところはありますか？

池間　よくも悪くも素直ですね。だから、本を読んで心棒《しんぼう》をバチーンと入れれば、驚くほど変わりますよ。

清水　変わりますね。**いままで本なんて読んだことのなかった子が、池間先生の本なんかを読むと、顔つきまで変わってくる。**スイッチが入るんですよ。そして、自分から「もっと本を読みたい」って言い出すようになります。

池間　私の本が、そんなふうに役に立つのはうれしいですね。

清水　先日、高校二年生の女の子が、わざわざ北海道から店に来たんです。カゴいっぱいに本を入れて、お会計したらなんと四万円を超えていた。すごくないですか？　しかも、池間先生が以前すすめていらっしゃった、＊21江藤淳《えとうじゅん》の『閉《と》ざされた言語空間』とか、難しそうな本ばっかり。「この本、難しいよ」って言ったら、「難しいほうが何回も読めるじゃないですか。そんな本を買いにきたんです」って言うんです。感心しましたね。そういう若い子が、少なくとも僕のまわりではどんどん増えている。

池間　私も以前、こんなことがありました。ある講演の終了後、角刈りのがっちりしたお父さんがやって来て、「ありがとうございます！」と、私の手を握って言うんです。

聞くと、少年院を出所した息子さんから、私の本を手渡されたとのこと。「この本、読んだほうがいいよ」って。

清水　すごい。その子の中でスイッチが入ったんでしょうね。

池間　少年院に入っていたとき、たまたま私の講演を聴いたみたいです。それがきっかけで、いままで本なんて読んだことなかったのに、お父さんに本をすすめるまでになった。お父さん自身、それまでの人生で読書をしたことはほとんどなかったらしいんですが、そこまで息子がすすめるならと思って読んでみたら、涙が止まらなくなったそうです。最後に、お父さんがこう言っていました。「私の親としての教育は、この本にかなわなかった」と。

清水　いい話ですね。いまの話をうかがって、やっぱりスイッチを入れてくれるのは読書しかないと、改めて思いました。テレビやゲームでは得られない何かが、本には必ずある。

池間　私がいつも思うのは、**スポーツと芸術以外は、人間の能力はみんな一緒だ**ということです。残念ながら、どんなに練習しても、われわれ凡人が一〇〇メートルを九秒台で走ることはできません。どんなに勉強しても、ベートーベンのような素晴らしい音楽を作曲することはできないでしょう。それは天から与えられた才能だからです。ただ、その他のことについては、自分が何をすべきかを知り、真剣に継続さえすれば、なんだってできる。

けれども人の心は弱いので、「やるぞ！」と思ってスイッチを入れても、少したったら切れてしまう。いわゆる「三日坊主」ですね。ですからいちばん大事なのは、**スイッチが切れたとき、スイッチを入れ直すこと**です。この訓練を、若い人たちにはやってもらいたい。

＊20　日本塾　池間哲郎が主宰している私塾。「日本の真実の歴史を学び、日本を愛し、日本人の誇りを持つ」ことを目指している。塾生はのべ一〇〇〇名を超える。

＊21　江藤淳（一九三二‐一九九九）　戦後日本における、もっとも著名な文芸評論家の一人。保守派の論客として活躍した。代表作に『成熟と喪失』『漱石とその時代』などがある。

「偶然の出会い」を大切にしよう

清水　以前、東芝ラグビー部のラガーマンに聞いたんですが、メンタルが強い、弱いってよく言いますよね。あれって実は、視野が広いか、狭いかの違いなんだそうです。その「視野」を広げるのが読書ではないかと、僕は思うんです。

池間　私もそう思います。つけ加えると、**視野を広げるためには、本屋さんに行くことも大切**だと思います。私自身、暇さえあれば本屋さんをのぞいていますよ。本屋さんのいいところは、自分の興味の対象ではないものが、同列に並んでいるところ。私の場合、お目当ての本があったとしても、それだけ買ってまっすぐ帰るようなことはしません。ゆっくり棚を眺めながら歩く。そして、ピンときた本は手にとってみる。その習慣が、私の視野を広げてくれているような気がします。

清水　僕もよく「偶然の出会いを大切にしよう」って言っているんです。**人との出会**

いも、本との出会いも、偶然を大切にしてほしい。そうでないと、視野が広がらないし、自分の世界も広がっていきません。ところがいまの出版業界は、作り手も売り手も、売り上げのことばかり考えて、みんな横並びになってしまっている。どこかで見たような本ばっかり並んでいますよね。これでは偶然の出会いは起こりませんし、お客さんの世界も広がりません。

池間　その通りですね。

清水　そういえば今朝、注文していた西郷隆盛[*22]の文書集が届いたんです。開いてびっくりしましたよ。西郷さんが残した手紙や日記が、そのまんま載っているんです。そんな本、街の本屋ではなかなか見かけないですよね。しかも、すごく難しい。でも、漢字ってもともと象形文字ですから、じっと見ているとイメージで伝わってくるものがあるんですよ。お値段、九七二〇円。先生も一冊、いかがですか(笑)。

池間　いや、読んでみたいですね。私は高いとは思いません。でも、ふだん本を読んでいない人には厳しいでしょうね。

清水　私はいつも、**「難しい本だから読む価値がある」**と言っています。多くの本屋は、

「簡単」「便利」「サルでもわかる」というたぐいの本ばっかり並べていますが、ある程度、難しくないと、自分の頭で考えない読書になるんですよ。最近の本は、大事なところをわざわざ太字で強調していますよね。編集者の意向でこの本もそうなると思うんですけど(笑)、どこが大事なのか、自分で考えながら読むのが読書じゃないかって僕は思うんです。そもそも、人によって大事なところは違いますしね。本屋にしろ、出版社にしろ、業界全体が読者に「考えさせない」ようにする方向へ進んでいる気がしてならない。いや、日本人全体がもしかしたらそうかもしれません。

＊22 「西郷隆盛の文書集」 東京大学出版会発行の「日本史籍協会叢書」(全一九二巻)に収められている『西郷隆盛文書』のこと。一八四編の書簡をはじめ、詩歌、文稿などが直筆のまま掲載されている。

日本人を狂わせたGHQの「洗脳工作」

清水　こうした状況を考えると、先生が主宰されている「日本塾」は貴重な学びの場ですね。

池間　ありがとうございます。知らない方のために説明しておくと、日本塾は**「祖国を愛し、日本人の誇りを持つ」**との理念を掲げた私塾で、おもに次の六つを勉強しています。

一つめは、日本が戦争に敗れる前の五〇〇年間、白人による帝国主義・植民地時代に何があったのか、有色人種国家はどれほど苦しんだのか。二つめは、日本の神話を知り、皇室を知ること。三つめは、なぜ日本は大東亜戦争へと追いつめられたのか。四つめは、GHQが占領期間に何を行なったのか。五つめは、日本の偉人と、日本を絶賛する偉人を知ること。六つめは、愛される日本、そして日本の未来をどうつくっていくか。

私はこれまで、カンボジア、ミャンマー、ラオス、パラオなど、アジア各国をまわり、白人たちによる植民地時代や、日本統治時代を知る大先輩方を訪ね、取材を行なってきました。その映像を見て、音声を聞いて、ともに学ぶ。確実に日本人としての誇りが芽生えます。

清水　そもそもなぜ「日本塾」を始めようと思ったんですか？

池間　以前、海外留学経験のある若者、五人くらいと話をする機会があったんですが、**留学中、みんな自分が日本人であることを隠していた**というんです。もちろん学校では隠し通せないけれども、街で「あなたはどこの国の人？」と聞かれたら、コリアンだとか、チャイニーズだとか答えていたと。日本人であることが恥ずかしくて、ずっと隠していたそうなんです。

清水　悲しすぎますね。

池間　われわれの世代なんて、米国人から「ジャップ」と呼ばれていましたよ。それでもみんな、日本人であることを隠そうなんて思いもしなかった。むしろ、悔しさをバネにたくさん勉強したから、米国の大学では日本人が成績上位を占めていたんです。いまは当時ほどの差別はないはずなのに、恥ずかしいからといって自分が日本人であることを隠す。さすがにこれはまずいぞと思って、若い人たちに日本の素晴らしさを伝える場をつくろうと決心したんです。

もう一つの理由は、二〇一一年に発生した東日本大震災です。震災から二〇日後、私は支援のために被災地に入りました。そのときの被災者のみなさんの姿に、大きな感銘を受けたんです。大きな悲しみと苦しみを背負っているにもかかわらず、和を乱すこともなくルールを守り、列をなす。小さな子どもたちも、雪が降りしきる中、ガタガタ震えながら炊き出しの列に並んでいました。ぐずる子も、泣き出す子もいない。つねに誰かを思いやり、安じる。その姿は美しいとしか言いようがありませんでした。もし海外でこのような災害が起きたら、略奪、放火、婦女暴行などさまざまな事件が確実に起きます。**日本人がもっとも誇るべきものは、高い道徳心と公共心**だと心底思います。

ところが、外から見る日本は非常に危うい。隣国は徹底して日本を嫌い、三か国はつねに、わが国に核ミサイルの照準を当て続ける。それなのにいまの日本人は、「自分の国は自分で守る」という気概を失い、「米国さまが守ってくれる」とかたくなに信じている。このままではいけない。未来の子どもたちのためにも、日本の素晴らしさと祖国を守ることの大切さを伝えなければ、と思ったんです。いまなら間に合うと。

清水　「いまなら間に合う」。勇気が出る言葉ですね。それにしても、なぜ日本人は「気概」を失ってしまったんでしょうか。

池間　米国の戦後政策が大きいと思います。結局、米国は日本のことが怖いんでしょうね。**大東亜戦争で日本人の怖ろしさを思い知ったん**です。そこで二度と日本人が歯向かってこないように、GHQが洗脳プログラムを組んだ。その象徴が、神道指令[*23]です。戦前までの日本は、みんなで神社に集まって地域のことを話し合ったり、何か悪いことが起きたら宮司さんと一緒にお祈りをしたり、神社を中心に季節のお祭りをしたりしていた。ところがGHQが、日本人から神社を切り離すために、それらを禁止したんです。その代わりに、「公民館」をどんどんつくっていった。

清水　公民館はGHQの戦略なんですか。

池間　そうですよ。本来、地域のことは宮司さんに任せればいいんです。ところが、神社はいま全国に八万社あると言われていますが、宮司さんがいるのは一万社くらいだそうです。このままだと、神社の文化は廃《すた》れていく一方ですね。ちなみに、「団地」もやはりGHQの戦略です。日本の家庭から神棚と床の間を奪うために、彼らがつくりまくったんです。

清水　うちの親父は偉かったですね。団地がバーっと建ち始めたころ、「あんな馬小屋、絶対住まねえぞ」って言ってました(笑)。

池間　気概がありますね。あと、お産も米国の政策が色濃く反映されています。私が小さいころは、まだ産婆さんがいました。お母さんが苦しみ抜いて出産する姿を、子どもたちがそばで見ていたんです。赤ん坊が生まれたら、家族みんなで喜んで、いつくしむ。その文化を米国がぜんぶ潰したんです。いまの赤ん坊は生まれたとたん母親から離されて、保育器に入れられてかわいそうですよ。日本の本来の文化をとり戻さないといけないと思います。

＊23　神道指令　一九四五年一二月、ＧＨＱが日本政府に対して命じた、国家神道の廃止令のこと。政治と宗教の徹底的分離、神社神道の民間宗教としての存続なども指示した。

九九％の人が知らない「武士」の素顔

清水　ある本で読んだんですが、人間は壁にぶつかったり、命の危機に直面したりすると、動物の本能として「戦う」か「逃げる」かの、どちらかを選ぶそうです。面白いのは、漢字にすると「闘争」と「逃走」で、音が同じなんですね。そのとき、**本能では「逃走」したいと思っていたとしても、義のためには「闘争」を選ぶのが武士道**なのだと思います。

池間　いまの日本は、武士の存在が不当におとしめられていますね。私はその犯人は

『水戸黄門』[*24]だと思っている（笑）。よく思い出してください。あそこに出てくる武士のほとんどは、領民をいじめ、搾取する「お代官さま」として描かれています。そのイメージが日本人に刷り込まれているのではないでしょうか。

清水　面白い見方ですね（笑）。

池間　私は沖縄生まれだから、すぐに気づいたんです。というのも、[*25]琉球《りゅうきゅう》王朝時代の沖縄の民は、徹底した搾取と横暴に苦しめられていました。それに比べてヤマトの侍は偉いなあとずっと思っていたんです。だから、初めて『水戸黄門』を見たときは、どうしてこんな描き方をするのだろうと驚きました。

清水　言われてみるとそうですね。私なんか毎週必ず見ていて、最後の印籠《いんろう》を出すシーンでスカッとした気持ちになって喜んでいるだけでした（笑）。

池間　江戸時代の武士は横暴どころか、刀を抜いた人もほとんどいなかった。刀を抜いたら最後、命を捨てて戦わなくてはいけないという暗黙の了解があったからです。刀を抜いたとしたら、なぜ抜いたのか、徹底的なとり調べが行なわれたそうです。もし義にかなっていなければ切腹、お家断絶。それほど厳しいルールを課していたのもまた、武士道なんです。

清水　じゃあ、くだらない理由で「闘争」してはいけないんですね。

池間　徹底的に我慢するのも武士道の精神だと思います。あと、**奴隷がいないのも日本のすごいところ**ですね。あれだけの権力を握った徳川家康でさえ、奴隷を持とうとはしなかった。あと、私がいつも感動するのは、かつては三〇〇以上の藩があったわけですが、その中で黒字経営だったのは、わずか二藩ほどだったという史実です。九九％の藩は赤字だった。つまり藩主、お殿さまは、領民のために借金ばかりしていたんです。こんなの日本だけですよ。外国の王さまではありえません。どんなに権力があろうが、どんなにお金を持っていようが、人間はみな平等だという精神が日本人にはある。

清水　不思議ですよね。

池間　それはなぜかと言うと、やはり神道だと思うんです。**神道には「上下なく一緒にやっていこう」という価値観がある**。いちばんわかりやすい例が、異国からやってきた宗教である仏教を受け入れ、共存していることですよ。神道には「受け入れる心」

がベースにあるから、仏教のいいところを受け入れることができたんです。他の国だったら、宗教対立で殺し合いになっていたかもしれません。それが、領主と領民の関係にも表れていると思うんです。

清水　白人文化は、身分や人種の違いで徹底的に差別しますからね。アジアの植民地でやっていたことなんて、ものすごい搾取ですから。

池間　白人もやり方が上手でしてね。いろんな人が訪れる都会とか、港のような「入り口」ではやらないんです。地方は大変ですよ。私はカンボジア、ラオス、インドネシアなどの、植民地時代を知っているおじいちゃん、おばあちゃんたちを訪ねまわって、当時の状況を取材しているのですが、この話題になると一瞬で顔色が変わります。あんなに穏やかな人だったのに、怒りまくったりして、それをなだめるのに苦労するほどです。

＊24　『水戸黄門』　一九六九年から二〇一一年まで、TBS系列で放映されていた国民的テレビ時代劇。第二代水戸藩主、徳川光圀（一六二八〜一七〇一）がモデルとなっている。
＊25　琉球王朝　一四二九年から四五〇年間、沖縄本島を中心に存在した王政の国。一八七九年、明治政府によ

る「琉球処分」により解体された。

不当におとしめられている「軍人」たち

池間　武士だけでなく、軍人からも学ぶことは多いですよ。戦争を賛美するつもりはまったくないんですが、**いまの日本人は、あまりにも軍人を下に見すぎている。**よく調べてみると、怖ろしいほど立派な方がいっぱいいますよ。

インドネシアからオランダを追い払った、*26今村均《いまむらひとし》大将もその一人です。この方は戦後、戦犯として処刑が決まっていたのですが、インドネシアの初代大統領に就任したスカルノが、「どうか今村さんを助けてください」と嘆願して、なんとか処刑をまぬがれているんです。

清水　それほどスカルノは、今村さんに恩を感じていたんでしょうね。

池間　ええ。いまもインドネシアの人たちの中には、今村大将を絶賛する方がいらっしゃいます。それで結局、巣鴨《すがも》プリズンに送られることになるのですが、この人がすごいのは「自分だけ東京にいるわけにはいかない。部下たちが収容されているニューギニアのマヌス島に送ってくれ」と言って、みずから劣悪な環境に身を投じ、刑期をまっとうしたことです。かっこいいと思いませんか？

清水　いやあ、本当にかっこいいと思います。

池間　私はこのことを、インドネシアの現地の人から教えてもらったんですよ。**どうして日本人の自分が知らないのか、恥ずかしい思いをしました。**

清水　外国人から教えてもらうのは悔しいですね。昔の日本人が知ったら、「君は外国人か？」と問われそうです。

池間　インドの人も、日本に対してすごく感謝しています。多くの日本人は、マハトマ・ガンディー[*27]の無抵抗運動でインドが独立したと思っていますよね。しかしインドでは「彼の力ではない」と断言する方も多い。たしかにガンディーは民衆とともに戦い続けた偉大な人物ですが、実際は、彼の無抵抗運動は短期間で制圧されています。だって相手は、平気でインド人の手首を切り落としていた英国人ですよ。あっという間に蹂躙《じゅうりん》されておしまいです。

清水　冷静に考えるとそうなりますよね。

池間　となると、インドが独立できたのは誰のおかげか。それがチャンドラ・ボース[28]という男です。彼がインド国民軍をつくって、英国軍と戦ったから、独立を勝ちとることができた。そしてそのとき、**ボースとともにインド国民軍をつくり、英国軍と戦ったのは日本だった**んです。インド国民軍創設に力を注いだ藤原岩市《ふじわらいわいち》[29]少佐に対し、感謝するインド人も多い。「もし日本軍の応援がなければ、藤原少佐がいなければ、インドの独立はかなり遅れていただろう」と言う人もいる。ところが日本人の多くは、彼の存在じたいを知らないでしょう。

清水　恥ずかしながら、僕も知りませんでした。やっぱり日本人は、もっと日本に学ばなくてはいけないですね。

＊26 今村均（一八八六‐一九六八）　大日本帝国陸軍大将。温厚で高潔な人柄とその統率力で、日本のみならず旧占領国の現地住民や、敵国であった連合国からも「名将」と称えられている。

＊27 マハトマ・ガンディー（一八六九‐一九四八）　インドの弁護士、宗教家、政治指導者。「非暴力、不服従」のスローガンを掲げ、英国統治からの独立運動を指揮した。

＊28 チャンドラ・ボース（一八九七‐一九四五）　インドの独立運動家。英国統治からの独立運動を主導し、インド国民軍を率いて日本とともに戦った。インド国民にもっとも敬愛される英雄。

＊29 藤原岩市（一九〇八‐一九八六）　大日本帝国陸軍軍人。マレー作戦における心理戦や、民族独立工作を担った特務機関「F機関」のリーダーとして知られる。

2章

戦後日本人が失ったもの

夢をかなえる「ゴーヤの法則」

池間　いつも若い人たちに言っている言葉があるんです。それは、**「やりたいことをやるためには、やらないといけないこと、やりたくないことでもやり続ける」**。私は沖縄出身なので、これを「ゴーヤの法則」と名づけました。ゴーヤ、つまり「五つの〝や〟」という意味です。

清水　なるほど、これなら覚えやすいですね（笑）。

池間　ボランティアというと、みんな愛情ばかり先に立ってしまう。「愛があればなんでもできる」みたいにね。でも、愛というのは、こういう活動をしている人間にとっては当たり前のことなんです。ことさら言うべきものではない。ならば、いちばん大事なものは何か。それは「お金」です。でも、お金集めなんて、みんなやりたがらないわけ。人に頭下げて、お願いして、それでも邪険に扱われて。大変な苦労なんです。

だけど、「お金がないから、今日はご飯はありません」って、お腹をすかせている子どもたちに言えないでしょう。だからこそ、やりたくないことをやる、やり続けることが何より大事だと思うんです。

清水 そういうところが、池間先生の「凄み」だと思います。清水店長は、昔から独立志向はあったんですか？

池間 ボランティアは、きれいごとじゃないですから。

清水 はっきりと意識していたわけではないんですが、サラリーマンをやっていたときも、自分がサラリーマンだっていう意識はまったくなかったです。だから、当時といまを比べても、それほど意識は変わりませんね。

池間 私も、子どものときから自分がサラリーマンになるという意識はありませんでした。**「地獄を見てでも自分の力で生きていくんだ」と思っていました。**二〇〇一年に「アジアチャイルドサポート」というＮＰＯ法人（特定非営利活動法人）を立ち上げましたが、それまでの約一〇年はずっと一人でやっていたんですよ。「俺はこの活動を生涯一人でやるんだ」「人さまのお金を使ってまでやりたくない」、当時はそんな気持ちでやっていました。ところが、地元の新聞やテレビ局に活動を嗅《か》ぎつけられましてね、世間に引っ張り出されてしまった。それをきっかけに、たくさんの人たちが集まってくるようになって、「組織をつくって一緒にやりませんか？」という提案をいただくようになったんです。

清水　最初は「しかたなく」という感じだったんですね（笑）。

池間　そうなんですよ。だって、組織にしたら苦労するのはわかっていましたから。社会的な責任も重くなるし、預かる募金額も大きくなってくる。清水店長も経営者だからよくわかると思いますが、事務所をかまえるにしても、まず事務員を置かないといけない。家賃、光熱費、電話代、車両費といった経費も発生する。少なく見積もって、月五〇〇万はかかりますよ。つまり、年六〇〇〇万支払う覚悟がないとできないって最初から思っていたんです。

清水　それ、僕もよくわかります。

池間　でも、そのお金をまわりの人が支援してくれるかと言ったら、してくれないんですよ。経営者とか、お金持ちの人もたくさん集まってきたんですけど、いざお金が必要になると、とたんに知らんぷりを始める(笑)。結局、一年もしないうちに、誰も来なくなってしまった。当時、大学生の子どもを三人抱えていたので、経済的には大変でした。借金だらけになっちゃって。でも、やり続けることの大切さを知っていたので、それでもとにかく続けたんです。

清水　「ゴーヤの法則」ですね。でも、なかなかできないことだと思います。最近よく思うんですが、**なんでも「すぐやめちゃう」人が多い**ような気がするんです。「継続は力なり」という精神が、すっかりいまの人たちから忘れられていますね。

福田恆存の「この言葉」が人生を変える

池間　先ほども言ったように、私は「人の能力には差がない」と思っています。だからこそ、他より抜きん出るには、継続を積み重ねるしかないんですよ。たとえば講演で一〇〇人集まったとする。そこでアジアの子どもたちの現状をお話しすると、ほとんどの人は賛同してくれるんです。涙を流す人もいっぱいいる。でも、お金を出して支えようという方は、残念ながら一％もいません。私はその現実を、クールに割り切っています。つまり、**「一％の世界」でやっていこうと決めたん**です。一〇〇〇人に話して一〇人、一万人に話して一〇〇人、一〇万人に話してようやく一〇〇〇人。現在は約五〇〇〇人の方からご支援をいただいていますが、それは五〇万人の人たちに語り続けてきたからなんです。

清水　何があってもへこたれないで継続する。その「燃料」となるのは、やはり情熱ですよね。いまの若い人たちだって、本心では情熱を燃やして生きたいと思っているんです。でも、何に情熱を燃やしたらいいかわからない、情熱の対象が見つからないという人が多いような気がします。

池間　私の情熱がどうしてずっと続いているかというと、結局、楽しいからなんですよ。初めて会ったときは、ほとんど死にかけていたような子が、いま目の前で生きて笑っている。それを見るのがいちばん楽しい。ですから、大変だと思ったことは一度もないんです。

清水　それは僕も同じですね。僕がすすめた本を読んだ子が、「最近、仕事がうまくいくようになったんです」とか、「恋人ができました」とか、あるいは「日本人としての誇りが持てました」とか、笑顔でお礼に来てくれることが本当に快感なんです。もっともっと、いい本をすすめたくなる。

池間　私のまわりにいる若い人を見ていると、情熱の方向がちょっと違うんですよね。みんな「金持ちになりたい」っていう情熱なんです。本当にいちばん大事なのは、「自分が何をやりたいか」ですよ。カネなんて、あとからついてくるものでしょ。金儲けを否定するわけじゃないけど、一〇〇万円持っていようが、一億円持っていようが、大して変わらないですよ。いい車に乗るか、いい家に住むか、いい飯食うか、せいぜいそのくらいの違いでしょ。

清水　おっしゃる通りですね。先日、[*30]福《ふく》田《だ》恆《つね》存《あり》の本を読んでいて、すごい言葉を見つけたんです。それは、**「人間は生産を通じてでなければ付き合えない。消費は人を孤独におとしいれる」**。深い言葉です。読者のみなさんも、この言葉の意味をよく考えてみてください。

ようは、情熱を持つためには「みんなで何かを一緒につくり上げよう、生産しよう」という気持ちが必要だということです。その気持ちがあって初めて、情熱というものは生まれる。「金持ちになりたい」のように、「私」ばかり、「消費」ばかりが先立つと、「個」がバラバラな状態になってしまって、情熱なんて生まれっこありません。

＊30 福田恆存（一九一二・一九九四）評論家、劇作家。保守派の文化人の代表として、いち早く平和論への批判を行なった。代表作に『人間・この劇的なるもの』（新潮社）などがある。

私たちは大きな「渦」の中で生きている

池間 だからこそ、祖国愛はすごく大事なんです。まず自己愛、次に家族愛があって、地域愛があって、最後に祖国愛ですよね。**自分を愛することも、家族を愛することも、すべてを包んでいるのは祖国愛**だと思うんです。最終的には、いろんな文化や宗教を超えた「地球愛」になるといいけど、現時点でそれは難しいので、まずは祖国愛を持つことですよ。日本人としてちゃんとしていないと、世界も相手してくれませんから。私は、二〇〇〇年以上続いたこの長い歴史が、自分の一部であり、「柱」であると思っている。もしそれがなかったら、揺れるかもしれないね。

清水　「柱」、さっきおっしゃっていた言葉で言えば「心棒」が入っていないと、情熱も持てないということですね。

池間　私が生まれ育った沖縄では、自分が高校生になるころまでは、多くの家庭に昭和天皇と香淳《こうじゅん》皇后の写真が飾られていました。祝祭日に日の丸を掲げるのも当たり前だった。「君が代」だって歌っていたんです。沖縄の人々は「祖国に帰りたい、日本人に戻りたい」と、みんな思っていました。ところが、一九七二年の祖国復帰前後のわずか四、五年で、祖国を批判する状態にがらりと変わってしまった。それがずっと続き、現在では日の丸を掲げる者はいなくなり、「君が代」も歌わなくなった。私自身も正直、「日本は悪い国」「日本は侵略国家」といった自虐史観的な教育と社会状況になんとなく染まってしまい、「大事な祖国」が嫌いになってしまいました。いま考えると、実にひどいことです。

そんなとき、当時の皇太子殿下、美智子妃殿下、つまり現在の天皇皇后両陛下が沖縄を訪問されたんです。よく覚えていますよ。陛下は紺のスーツにネクタイをビシッとされて、美智子妃殿下もおきれいな正装で。お二人とも汗だくになのに、汗をぬぐわないんですよ。

そのとき、事件が起こった。一九七五年七月一七日、先の大戦で女子高生たちが自決した聖地でもある「ひめゆりの壕《ごう》」に隠れひそんでいた、本土からやってきた過激派、そして沖縄県民の男が、慰霊をされる殿下と妃殿下に対し火炎瓶を投げつけたんです。美智子妃殿下は緊急避難の際、警備の警察官に引きずられヒザをすりむかれ、皇太子殿下は警護車両へと向かうも、説明係のひめゆり同窓会会長の安否をずっと気遣っていらっしゃいました。

これほどの大事件ですから、以降の予定はキャンセルになると思っていました。ところが、そんなことはなかった。スケジュール通り、慰霊地や慰霊塔をまわり、深々と頭を下げられた。その姿をテレビで見て、涙が流れてきたんです。なんて立派な方なんだろうと。そのとき皇室ってすごいなと思ったんです。そして、**自分は日本のことをなんにも知らないんじゃないか**と思った。

清水　先生のターニングポイントですね。

池間　それで初めて、日本の歴史を勉強するようになったんです。そうしたら、自分の中に「日本を守りたい」という意識が生まれてきて、一本、芯が通ったような感じがしました。それが、いまも私の「柱」になっています。

でも、さっきの「一％の世界」の話に戻ると、人間っていうのは、自分のお金はたった一〇〇円でも惜しいんです。よく言われるんですよ、「ボランティアですか……もっと儲かったらやります」って。そういうことを言う人は、絶対いつまでたってもやりません（笑）。私は、借金だらけのときでもやっていましたよ。たとえ貧しかったとしても、ほんの少しだけ他者を思いやる心を持つ。それがないと人は成長しないですよ。自分だけ稼げればいいという人は、いつか消えていきます。

清水　たしかに、人に分け与えることをしていなければ、いまごろ私もお店も消えていると思います。

池間　こういう表現が正しいのかはわからないけど、宇宙は「渦」だと私は考えているんです。地球も回転しながら渦の中にあるように、自分自身の人生も渦の中にあると。自分のことだけを考え行動していると、渦は深くはなっていきますが、どんどん小さくなって消えてしまう。でも、**ちょっと渦に隙間を空けて、誰かのために何かをすると、出ていくよりも入ってくるほうが大きいから、渦はどんどん大きくなっていく。**全力ではなく、ちょっと隙間を空けるだけ、少しだけ分け与える心です。抽象的でわかりにくいかもしれませんが、私はそんなイメージを持っています。

清水　いえ、なんとなくわかりますよ。一気にスケールの大きい話になってきましたね。

池間　若者たちには、分け与える喜びを知ってほしいですね。無理しなくていいんですよ。年収三〇〇万の人だったら、年間三〇〇〇円だっていいんです。お金を持っている、持っていないは、まったく関係ありません。これは「思い」の問題です。

清水　あの世にお金は持って行けないですしね。

池間　たくさんお金を持っているぞ、と思いながら死んでもつまらないじゃないですか。**あの人には本当にお世話になったなあ、と思われて死にたい。**そんな人生のほうがほうがいいけどな、私は。

実は日本は「左傾化」している

池間　安倍さんが首相になってから、日本が右傾化しているとよく言われます。でも私は、安倍支持、自民党支持かどうかは別にして、**むしろ左傾化していると思っているんです。**つい二〇年くらい前までは、祝祭日にはどの家でも日の丸を掲げていた。国の大切な日に国旗を掲げることは、少なくとも世界では常識です。ところが、いまこれをやったら、間違いなく近所の人から「右翼」と言われます。マスコミは日本が右傾化していると言いますが、むしろ私は左傾化が進んでいると思っている。

清水　うちの店も、たまに変な目で見られるんですよ。「右翼なんですか?」とか「何かの宗教ですか?」とか(笑)。自国の歴史を勉強しようとするのは当たり前のことなのに、どうしてこんなふうに言われるのか不思議でなりません。

池間　日本と欧米の決定的な違いは、「神」と「GOD」の違いに表れていると思うんです。神道の世界では、宇宙がまずあって、そこに神さまが現れる。天之御中主神が現れて、万物をつくっていくわけです。だから、石ころであれ、山であれ、川であれ、たぬきであれ、きつねであれ、人間であれ、みんな神になる。それは日本人に、すべてを神として大事に扱おうとする考え方があるからです。すべてが神だから、人間はもちろん、動物も自然も、すべてを大事にする。だから、和を尊ぶようになったんだと思います。

一方、欧米では、「GOD」は宇宙の上にいる。「GOD」が宇宙をつくったことになっているんです。そんな彼らから見ると、日本人ってある意味、異常なんですね。これだけ他者を大事にする国民はないですよ。**こうした日本人が培ってきた伝統、美点を、日本人自身が知るべき**です。それを知らないことが、いまの若者の弱さにつながていると思います。

清水　同感です。日本人の魂を知るということですね。

池間　他のアジアの国々を見ると、意外と荒れているんですよ。わずか二〇〇メートルほどの通りに一〇か所以上も寺院のある地域があるんですが、イメージだとすごく平和で穏やかな雰囲気を想像しますよね。でも実際は、殴り合いのけんかが日常茶飯事、車は乱暴な運転でいつも大渋滞、「かっぱらいがいるから、カバンはしっかりと前に抱えて持て」と注意されます。徹底した個人主義なんですね。

ある国では、「財布を拾ったら絶対に警察に届けるな」と注意されました。もし五万円入っている財布を警察に届けて、その持ち主が見つかったとしたら、「この財布には五〇万円入っていた。お前が盗《と》ったんだろう」と必ず言い張るというんです。日本では考えられませんよね。日本は自然も街も美しいけれど、何より人々の心が美しいですから。

清水　うちの次男坊が小さいとき、学校の行き帰りに一円玉を拾うたびに、お巡りさんに届けていたんです。ところが、そのうちお金だけではなく、何か落ちていたらいちいちお巡りさんに届けるようになっちゃって(笑)。お巡りさんに、「お父さん、もう少し抑えてあげてくれませんか」って言われて、大笑いした経験があります。

池間　すごいじゃないですか(笑)。それこそ日本人が先祖伝来、脈々と培ってきた日本人の素晴らしさです。**「お天道さまが見ている」**という感覚ですよ。私たちは、小さいころから「お天道さまが見ているから、誰も見ていなくても、悪いことはしちゃいけないよ」と、当たり前のように教えられてきました。アジアの人たちにこのことを話すと、「だから日本人はこんなに正直なのか」とみんな納得してくれます。

清水　息子は正しいことをしていたんですね。

池間　もちろんです。よく「日本人は宗教心を持っていない」と言いますが、それは大きな間違いで、本当はきわめて篤《あつ》い宗教心を持っていると思うんです。「太陽が見ているから悪いことをするな」なんて教え、他の国では聞いたことないですよ。

日本人の「凄み」はここにある

清水　民族性というのは、土地柄によって違って当然だと思うんです。たとえば砂漠で生まれた宗教の思想と、森と水にあふれた日本の神道の思想が同じであるはずがない。米国なんかも移民によってつくられた新しい国ですし、日本とはまったく違う文化なはず。それなのに、いまの日本人は他の国のまねばかりしようとしている。

池間　欧米とはまったく違いますね。いちばん大きいのは、一神教と多神教の違いだと思います。日本は多神教ですから、あらゆるものを受け入れる精神が基本にある。「和をもって貴しとなす」の精神で、**他者を排除しないのが、日本人のいちばんいいところ**だと思います。ある仏教国では、たとえどれほどの親友でも、イスラム教徒の女の子と付き合っているとわかった時点で口をきかない、一切の交流を断ち切ると、現地の人が悪びれることなく言っていました。それくらい排他的なんです。

清水　自分なんか、小学生のときに転校生がやってくると興味津々でした。どうやって仲よくなろうか、ということばかり考えていましたよ。

池間　それが日本人の持つ「受け入れる力」ですね。ただ、それがまた欠点にもなるんです。みんな自分と同じだと思ってしまう傾向がある。あいつはチャイニーズで、自分とは考え方が違うから、こんなふうに付き合っていこうっていう考え方ができない。

私はつねに日本人としての誇りを持って行動していますが、海外では現地の人々の心を持って行動するようにしています。カンボジアではカンボジア人の心、ラオスではラオス人の心を持って現地の人たちと向き合う。空港に着いた瞬間から、その国民の人格に変わるんです。というのも、アジアの国々の中には、約束を守らない人や、平気でウソをつき、だまそうとする人もいるからです。日本人の感覚で国際協力活動を行なっていると、みなさんから預かった貴重な浄財を奪われてしまいます。だから現場では怒ってばかりですよ。「まだ完成しないのか！　あのお金はどうした！　使い込みしているんじゃないか！」って。

清水　この切り替えが、外交でも大事かもしれませんね。

池間　ただ、ひとつだけつけ加えておきたいのは、**ウソをついたり、だまそうとしたりする人たちを責める気はない**ということです。内戦によって同じ国民どうしが殺し合ったがゆえに、他人を信頼できないという人もいます。貧しさのために、自分が生きるだけでせいいっぱいで、他人のことを考えられなくなった人もいます。国際支援の場では、こうした現地の人たちの「考え方」まできちんと勉強していくことが大事ですね。

「公」のために生きるのが本来の日本人

清水　僕は、**自分ではない誰かのため、何かのために生きるのが日本人**だと思っています。たとえば荒川[*31]は、地域の人たちがボランティアでつくったんだそうです。雨が降ると、すぐに隅田川が氾濫してしまうので、近所のおじさんたちがシャベルで掘ってつくったって。

池間　そうなんですか。昔の人はすごいですね。

清水　明治神宮もそうらしいですね。明治天皇へのご恩返しという強い意志で、人々が汗を流したようです。いまはそういう「公」の精神がどんどん消えていて、「私」ばかりになっている。先日、地下鉄に乗っていたら、隣からいい匂いがしてきたんです。何かと思ったら、中学生の女の子たちが弁当を食べていた(笑)。本来、電車の中っていうのは「公」の場ですよね。その感覚がない。

池間　恥がなくなってきているんですね。とくに女の子の慎ましさがなくなってきている。私たちの親の世代くらいまでは、女性はどう振る舞うべきか、子どもにきちんと教えていました。でも、いまそれをやると、下手すると女性差別だって言われかねないですから。

清水　二六七六年の歴史が培ってきた伝統を、自分たちの世代が放棄していることに気づかなくてはならない。

池間　いまならまだ間に合うけど、あと一五年で本当になくなると思いますよ。だって、親の世代に「公」がないんですから。「モンスターペアレンツ」なんてその最たるもので、本来は教育のプロである先生方に子どもをお預けして、「育てていただく」という意識が大切だと思うんです。私はいろいろな国の子どもたちと接しているからよくわかるんですが、**ここまで先生が親の顔色を気にしている国は他にありません。**PTAの懇親会なんかの様子を見ていると、どうしてここまで、というくらい親たちに気遣いをしている。逆なんですよ。親が教師に気遣いするのが当たり前だと、私は思います。

清水　その上の世代、おじいさん、おばあさんの世代にもっと教わったほうがいいかもしれませんね。

池間　東日本大震災の支援活動をずっと続けていて、現地にも五〇回近く行きましたが、被災者の方々が決まっておっしゃるのが、「まずは神社から直そう」ということなんです。**家から何からぜんぶ失った方たちが、自分のことより自分以外のことを優先させている。**東北の人々は先祖をうやまう祖先崇拝とともに、神道を中心とした精神性も持っている。それが非常に深くて大きい。

清水　その「深くて大きなもの」を復活させればいい。

池間　沖縄出身で宮城県の石巻に暮らし、生涯を牡蠣《かき》の養殖に捧げた宮城新昌《みやぎしんしょう》先生*32という方がいます。牡蠣養殖の技術を確立した方で「世界の牡蠣王」とまで呼ばれた。でもこの方、特許をとっていないんですね。特許をとっていたら大金持ちになっていたはずなのに、これはみんなでやるべきだからと言って放棄した。「公」の精神にあふれた偉人ですね。石巻の漁師のみなさんが、「新昌先生がいたから、俺たちは暮らしてこれたんだ」とまで言います。同じ沖縄人として誇りですね。

清水　われわれも「公」の精神をとり戻さないといけませんね。

池間　そのためには、まず歴史を知ることです。**この国を守ってきた、先人たちの歴史を知れば、「公」の心は自然と宿りますよ。**

＊31　荒川　秩父山系から埼玉県および東京都を流れ、東京湾に注ぐ一級河川。最大二五三七メートルの川幅があり、日本最大である。

＊32　宮城新昌（一八八四 - 一九六七）　水産事業家。一九二三年、近代的な牡蠣養殖技術を確立。宮城県石巻市で実用化に成功し、牡蠣養殖を広めた。

歴史を知れば仕事だってうまくいく

清水　こういう話をしていると、「歴史を知ったからって何になるんだ」「商売に役立つのか？　儲かるのか？」ということを言ってくる人がよくいます。僕はそんなとき、「ええ、儲かるようになりますよ」と、いつも答えます。だって、**自分に信念や哲学が宿るわけだから、その信念や哲学をもとに商売をやったら儲かるに決まっています。**

最近もマンション[*33]が傾いた事件がありましたよね。あれだって、トップの人たちに信念や哲学がないから、こんなひどい不正ができるわけです。その結果、ばく大な損失をこうむっているわけですから、信念や哲学はどんなビジネスでも絶対に必要なものだと思います。

池間　清水店長のおっしゃる信念、哲学っていうのは、「なぜこの仕事をやるのか」「なぜこの会社に入るのか」といった根本的なものですよね。私もそれが大切だと思います。たとえばＩＴの仕事だったら、「ＩＴによって世の中をこんなふうによくするんだ」という理念を持ってとり組んでいれば、苦労を苦労と感じることなく深いところまで追究するでしょう。結果的に、利益にもつながってくると思います。単に利益だけを求めて、いくら儲かったということだけやっていたら、いつか心は折れますよ。そこに「喜び」がないんだから。

清水　ドラマ『下町ロケット』のモデルにもなった[*34]植松努《うえまつつとむ》さんは、大学を出て、飛行機や新幹線の設計をする会社に就職したんです。でも、しばらくしてやめてしまう。そのいちばんの理由になったのが、一緒に働く仲間が飛行機や新幹線を好きじゃなかったことだそうです。ただ給料がいいとか、安定しているとか、そんな理由で入社してきた人ばかりだったらしい。

あるとき同僚に、「飛行機で何がいちばん好き？」と尋ねたら、「ＪＡＬが好きだ」って返ってきたそうです。本当は型式とかを聞きたかったのに（笑）。そこでもうだめだなと思って、退職を決めたとおっしゃっていました。

池間　もちろんお金を儲けることは、経営者にとっても、ビジネスパーソンにとっても大事なことです。でも、それよりもっと大事なのは「思い」でしょう。「思い」がないと仕事が面白くならないし、長くもたないと思う。若い人たちに言いたいのは、お金にこだわらないこと。**自分は何がしたいのか、自分にとって何が大事なのか、よく考えて、その仕事が本当に社会の役に立つのかどうか見きわめてほしい。**

清水　あらゆる仕事から、信念や哲学が失われてきているように思うんです。たとえば本屋も、売れ残った本は出版社に返品できるという特殊なしくみのせいもあって、自分の店の商品なのに愛情がなかったりする。うちなんかは愛情たっぷりですけど（笑）、多くの本屋は「売れなかったら返せばいいや」くらいの感じに見えます。そこに信念なんてまったくない。だから、どんどん街の本屋が潰れている。他の業界も、きっと似たような構造があると思います。

＊33　「マンションが傾いた事件」二〇一五年一〇月に発覚した、横浜市の大型マンションにおける施工ミスのこと。不正、偽装が次々と発覚し、大きな問題となっている。
＊34　植松努（一九六六‐）（株）植松電機専務取締役。北海道の小さな町工場ながらロケット開発をなしとげ、全国に夢と勇気を与えた。著書に『ＮＡＳＡより宇宙に近い町工場』（ディスカヴァー・トゥエンティワ

ン）など。

「当たり前」を疑え

池間　どうして日本人がこうなってしまったのか、その理由を徹底的に勉強してみるといいですね。**洗脳されていることに気づかないのがいちばん怖い**ですから。戦前のわが国における教育を見つめ直すのも大事だと思います。米国は、日本の外交、経済、軍事、政治に関しては、いちいち口を出してくるでしょう。ところが、教育に関してはあまり口を出してこない。なぜかと言うと、教育については「完成」しているからですよ。なぜ私たちは、それを当たり前のように受け入れているのか。おかしいと思わないですか？

パラオがいい例ですが、もともと彼らは原始的な生活をしていたんです。ところが、わずか五年間、日本の戦前教育を受けただけで、がらっと変わってしまった。現地のおじいちゃん、おばあちゃんたちが私に言うんです。「日本の先生は素晴らしかった」「とても厳しかったけど、とても優しかった」って。そして、「自分たちの世代は、日本の教育を受けたから、考え方もしっかりしている。ところが米国統治になってから、まったくだめになった」と口をそろえて言うんです。**「もう一度、日本人になりたい」**と言われることだってあります。日本の教育は、こんなに優れたものだったのに、どうしてこんなに劣化してしまったのか。米国がそんなにいいのかと思いますよ。

清水　僕が尊敬している先輩方は、みんなそうおっしゃいますね。米国のどこがいいんだ、ただ広いだけじゃねえかって(笑)。

池間　米国に、文化なんてないですから。

清水　ユネスコが「世界記憶遺産」に、[*35]南京大虐殺を登録しましたが、米国がネイティブ・アメリカンを皆殺しにしたのは登録しないのかと思ってしまいますね。

池間　あれは結局、ユネスコの問題ですね。国連トップが[*36]潘基文《パンギムン》事務総長になって、コネ採用や賄賂《わいろ》が横行するようになり、日本叩きもひどくなっていると聞きます。彼がトップにいる間は、今後も反日は進むでしょうね。それより問題なのは、外務省がどう対応したかということです。あれほどの秀才が集まっているのに、どうしたんでしょうかね。

清水 安倍総理はどうですか？

池間 彼のほうがよっぽど優秀です。彼は外交官ではないけども、各国を飛びまわって、実績を残している。二〇一五年四月の米議会演説も、私は素晴らしかったと思いますよ。「米国が民主主義を教えてくれた」だなんて、これっぽっちも思っていないですよ、安倍さんは。でも、**あえてそう言うことによって、日本をよりよい方向に持って行けるだろうという判断**が伝わってくる。極端に右寄りな人たちの中には「そんなのふざけるんじゃねえよ」と言っている人もいますが、私は現実的な判断だったと思います。

＊35 南京大虐殺 一九三七年、日本軍が中華民国の首都、南京市を攻略した際に発生したとされる「虐殺事件」。

事件の規模、虐殺の有無をふくめ、大きく意見が分かれている。

*36 潘基文（一九四四-） 国際連合事務総長（二〇〇七年〜）。大韓民国出身。二〇一五年九月、北京で行なわれた、中国の「抗日戦争勝利七〇周年」記念式典および軍事パレードに出席し、その中立性に疑問が呈された。

なぜ日本は植民地にならなかったのか

清水　外交と言えば、戦前、戦中には、素晴らしい外交官がたくさんいましたね。たとえば*37杉原《すぎはら》千畝《ちうね》とか。

池間　私は徳川幕府の外交が大したものだと思っています。海外との交渉のしかたをまったく知らない幕府と、世界事情を知る米国では、言ってみれば、幼稚園児と大学生の戦いでしょう。にもかかわらず、いったん不平等条約を結んでおいて、それでも負けないでどんどん交渉を重ね、すさまじい努力で不平等を改正していった。[*38]林大学《はやしだいがく》頭《のかみ》とか、[*39]小栗上野介《おぐりこうずけのすけ》とか、ああいう人たちは尊敬しますね。

清水　でも、学校の授業では、「徳川幕府は弱腰だった」と教わります。

池間　当時の世界情勢を考えると、まわりの国はぜんぶ欧米の植民地なんですよ。力で対抗したら、一発で潰されることはわかっていた。だから、あえて不平等条約を結んだんです。植民地になるよりましだという判断ですね。その意味では、[*40]井伊直弼《いいなおすけ》もすごいと思います。天皇の許しも得ずに、自分の判断で条約を締結したんだから。彼のことを「鬼」と呼ぶ人もいるけれども、あんなすごい政治家、いまの日本にはいないですよ。

清水　国の命運を左右する大問題に、たった一人でとり組み続けたわけですからね。

池間　結局、**歴史をつくるのは勝者**ですからね。明治維新の勝ち組が、井伊直弼をヒーローにしてはまずいということで、安政の大獄を行なった「鬼」に仕立てたのだと思います。そもそも何百名も虐殺したかのように思われているけど、斬罪、獄死、切腹、あわせて一四名です。

清水　イメージよりはずっと少ない。

池間　**日本が植民地にならなかったことがいかに幸せか、まずわからないといけません。**実際、キリスト教の宣教師たちが、どうすれば日本を植民地にできるか調査しに来ていたんです。ところが宣教師たちは、当時の日本人の武士道精神や気高さにふれて、ちょっとやそっとじゃ日本に勝てないことを知った。それで本国に「日本を攻めるのはやめたほうがいい」とストップをかけています。銃だって、当時の日本は世界一持っていたんですよ。種子島《たねがしま》から鉄砲が伝来したあと、すぐに自分たちでつくり出したからです。

清水　そうだったんですね。

池間　豊臣秀吉、徳川家康をはじめ、時の最高権力者たちは徹底的にキリスト教を「弾圧」しました。どうしてそんなことをしたのか、きちんと教えないといけない。当時のキリシタン大名たちは日本人を奴隷として売っていたとの記録が残っています。だから厳しく禁止したんです。しかも秀吉は「いくらお金がかかってもいいから、一人残らず連れ返せ」とまで命じています。

清水　こうしたキリストの教の裏側も、きちんと学校で教えなくてはいけませんね。

＊37　杉原千畝（一九〇〇・一九八六）　外交官。第二次世界大戦中、ナチスに迫害されたユダヤ難民にビザを発給。六〇〇〇人ものユダヤ人を救ったとして、「東洋のシンドラー」と呼ばれている。

＊38　林大学頭（一八〇〇・一八五九）　本名・林復斎。幕末期の儒学者、外交官。一八五三年の「黒船」来航以降、幕府側の交渉責任者として、ペリー提督らと渡り合った。

＊39　小栗上野介（一八二七・一八六八）　本名・小栗忠順（ただまさ）。幕末期の幕臣。外国奉行や勘定奉行などの要職を歴任、日本の近代化を牽引した横須賀製鉄所の建設をはじめ、幕政の中枢を担った。

＊40　井伊直弼（一八一五・一八六〇）　幕末期の大老、彦根藩主。日米修好通商条約に調印し、日本の開国と近代化を断行した。その後、反対勢力を弾圧（安政の大獄）、桜田門外で水戸浪士らに暗殺された。

勝者に「封印」された真の偉人たち

清水　先生はつねに、両方の立場からものを見ていらっしゃいますよね。そういう人がいまの日本には少ない気がするんです。**片方だけを信じきってしまっていて、それに疑いを持つこともしない。**

池間　たしかに、*41坂本龍馬《さかもとりょうま》の話をすると、ものすごい反発がきますよ(笑)。

清水　熱狂的なファンが多いですからね。かくいう自分も、大学時代に『竜馬がゆく』を読んで、かぶれていたわけですが(笑)。

池間　龍馬を批判しているわけではないんです。ただ、文献をきちんと読み込んでいくと、彼は明らかに武器商人だということがわかります。そうでないなら、なぜ一介の青年が、毎日のように吉原《よしわら》で女遊びができたのか。いまの価値で五〇万円くらいのお金を毎日使っていたらしいですが、そのお金はいったいどこから出てきたのか。私の疑問はそこから始まっているんです。[*42]司馬遼太郎《しばりょうたろう》の小説は、エンターテインメントとしては優れているかもしれませんが、史実を冷静に見ることも大切だと思います。

清水　自分もあとになってから、自分は坂本龍馬の言葉に熱狂していたわけではなく、司馬遼太郎の言葉に熱狂していたことに気づきました。

池間　私は司馬遼太郎の小説などに出てこない、埋もれた偉人を見つけるのが好きなんです。**勝者に潰されてしまった偉人が、日本の歴史にはいっぱいいるんですよ**。たとえば、会津藩の[*43]柴五郎《しばごろう》。会津藩は[*44]戊辰《ぼしん》戦争に敗れたあと、生き残った人たちはみな、岩手や青森の山奥に追放されました。食べ物もなくて、死んだ犬を食べていたらしい。その中に柴五郎もいたんです。こうして明治政府から徹底的に弾圧されながらも、それをバネにして、長じて軍人になった。

清水　根性があったんですね。

池間　彼が清国公使館付の駐在武官として着任まもなくのころ、[*45]義和団の乱が起こりました。「外国人は皆殺しにしろ」という排斥運動に巻き込まれたんです。圧倒的多数の義和団に立ち向かうすべはないと思われましたが、避難してきた四〇〇〇名近くの公使、公使館職員とその家族、中国人クリスチャンらを守るため、柴五郎率いる日本兵たちが死にものぐるいで戦ったんです。その結果、なんと二か月近くにわたる籠城《ろうじょう》戦《せん》を持ちこたえた。その後、欧米列強八か国の連合軍が到着し、多くの人命が救われたのです。

この戦いにおける日本兵の勇敢さや規律、礼儀正しさは世界中に伝わり、柴五郎は日本軍人として、その名を世界に知らしめました。それが日英同盟につながっていくんです。**極東の「野蛮人」だった日本が、大英帝国と対等の同盟を結ぶことができたのは、柴五郎のおかげ**とまで言われている。ちなみにこの逸話は、のちに『北京の55日』[*46]という映画にもなりました。ただし、大活躍した柴五郎や日本兵たちは、不思議なことに「白人」という設定でした。黄色人種の日本人が、白人を凌駕するのが許せなかったのでしょう（笑）。

＊41　坂本龍馬（一八三六‐一八六七）　幕末期の志士。土佐藩（現在の高知県）脱藩後、亀山社中（のちの海援隊）を結成、薩長同盟の斡旋、大政奉還の成立など、明治維新の立役者とされる。大政奉還の一か月後、近江屋事件で暗殺。

＊42　司馬遼太郎（一九二三 - 一九九六）　戦後を代表する歴史小説家。産経新聞社記者として在職中、『梟の城』で直木賞を受賞。その後、『竜馬がゆく』『燃えよ剣』『国盗り物語』『坂の上の雲』など、数々のベストセラーを生み出した。

＊43　柴五郎（一八六〇 - 一九四五）　大日本帝国陸軍大将。北京で伝説的な活躍をした軍人として知られ、欧米各国からも勲章授与が相次いだ。「欧米で広く知られた最初の日本人」と言われている。

＊44　戊辰戦争　明治新政府を樹立した薩摩藩・長州藩を中心とする新政府軍と、旧幕府勢力・奥羽越列藩同盟による内戦。一八六九年、函館五稜郭が陥落し、明治新政府の確固たる地位が築かれた。

＊45　義和団の乱　一九〇〇年、清国の政治結社である義和団が蜂起して、北京を一時支配下に置いた事件。日本をふくむ八か国の連合軍が出動し、これを鎮圧した。

＊46　『北京の55日』　一九六三年に公開された米国映画。義和団の乱の史実にもとづいた、歴史スペクタクルとなっている。主演、チャールトン・ヘストン。監督はニコラス・レイ。

「ネトウヨ」とは一緒にされたくない

清水　最近よく思うんですが、いまの日本人には「健全な危機感」が足りないように思うんです。おびえたりとか、オドオドしたりとかではない、「このままだとやばいぞ、なんとかしなくては」という前向きな危機感です。

池間　いまの日本人は穢《けが》れや汚れを見て見ないふりしますからね。ちらっと横目で見ながらも、正視はしたくないんだと思います。神道の世界では、大便、小水、汗、嘔《おう》吐物《とぶつ》、そうしたものからも神が生まれます。それが本来の日本人の精神文化だったはずなのに、**「自分にとって心地いいものだけを見ていたい」という感覚が、すっかり定着してしまった。**

清水　それは若い人だけではなく、私もふくめて、ほとんどの人がそうかもしれないですね。

池間　その代わり、自分より弱い者にはかみつく習性はあるんですよね。たとえば私がフェイスブックで、ちょっと韓国に対して批判的な意見を書くと、「そうだ、そうだ！」とたくさんのコメントが入る。だから韓国のことを書くのはやめました。

清水　匿名のインターネットだと、そういう人が目立ちますね。そんなことに労力を使うなら、本を読めと僕は言いたい。

池間　以前、オーストラリアの団体がボランティアでつくった建物を、韓国のある団体が、自分たちがつくったかのように看板をかけ替えてしまったことがあったんです。極力、韓国の悪口は言わないようにしているんですが、これはあまりにひどいでしょ。だから「こういうことはやってはいけませんよ」とフェイスブックに書いたら、「そうだ、そうだ！」「韓国人ならやりそうだ！」「在日は国へ帰れ！」みたいな、本当にひどいコメントがいっぱい届いた。

清水　日本人が誇りや自信をとり戻すことはきわめて大切ですが、それと韓国人を汚く罵ることはまったく違いますよね。最近はインターネットの中だけではなくて、本にもその傾向があるんです。韓国の悪口を書いた本がバンバン売れている。だからこの本は、そういう本と一緒にされたくないって、ずっと思っているんです。下手するとひとくくりにされてしまうので。

池間　おっしゃる通りですね。日本塾の塾生たちにはいつも**「大きな視野を持ちなさい」**と言っています。韓国が嫌いだという気持ちはよくわかりますよ、たしかに彼らはやりすぎですから。でも、あれは韓国政府が行なってきた反日教育が原因なんです。

糾弾すべきは韓国の教育問題であって、市井《しせい》の韓国人に矛先を向けるのは間違っています。そもそも、約二万一〇〇〇柱の朝鮮人日本兵や軍属のみなさんが靖国神社に祀《まつ》られていることを、韓国の悪口を言っている人たちは知っているのでしょうか。このことを、私たちは忘れてはいけないと思います。

清水　同じようなことを、*47頭山満《とうやまみつる》も言っています。日本を大きな船だとする。右手に美しい富士山が見えると、船に乗っている人たちが、みんな右側に押し寄せる。すると、船が傾いてひっくり返ってしまう。**だから俺は、みんなとは逆側に立つようにしているんだ**って。かっこいいですよね。池間先生と頭山満は、どこか似ているように思います。

池間　大きな視野で見ると、共産勢力の防波堤が韓国なんですよ。だから、われわれ民主主義陣営で韓国を守らないといけない。私はいつも、せめて日本塾生だけでも韓国の味方をしていこうと言っています。そうでないと、今後、大変なことになりますよ。

＊47　頭山満（一八五五‐一九四四）　明治から昭和初期にかけて活躍したアジア主義者の巨頭。玄洋社の総帥。韓国の金玉均、中国の孫文、インドのラス・ビハリ・ボースなど、日本に亡命した民族主義者や独立運動家の援助にも積極的だった。

3章

奪われた「魂」を取り戻せ

わが子を「洗脳」から守るために

清水　休日の昼間、某ハンバーガーショップの前を通ると、幼稚園児くらいの子どもを連れたお母さんがいっぱいいるんですよ。ああいう光景を見ると、悲しくなってしまう。休みの日くらい、お母さんがご飯をつくってあげればいいのにって思うんですが。

池間　それは困ったものですね。

清水　まあ、お父さんがつくってもいいですけどね(笑)。いずれにせよ、親がどれだけ子どもに手間ひまをかけたかが大切なんです。それが、子どもが大人になってから、きちんと自立できるかどうかに大きく影響するんですから。

池間　私が悲しくなるのは、もっとも大事な言葉を子どもに外国語で呼ばせていることですね。

清水　「もっとも大事な言葉」とは？

池間　「お父さん」と「お母さん」ですよ。**最近の親は、パパ、ママと呼ばせている人が多いようですが、他の国ではあまり聞いたことがありません。**よっぽど敬虔《けいけん》なクリスチャンか、西洋かぶれの家庭でないかぎり、必ず母国語で呼ばせている。日本の子どもが、自分の親をパパ、ママと呼んでいるのを見て、「固まった」という台湾人もいました。「えっ、ウソだろ？」って。そして、「この国はだめだ」と思ったそうです。

清水　赤ちゃんのときから、すでに「洗脳」が始まっているんですね。うちなんかは「父ちゃん」「母ちゃん」でした。

池間　私の家もそうでした。間違って「パパ」なんて呼んだら、親父に殺されましたよ（笑）。

清水　「お母さん」という言葉は、もともと「太陽」が語源らしいですね。

池間　そんな説がありますね。「おっかあ」「かあちゃん」「かみさん」といったように、母親を表す言葉には必ず「カ」がつく。その「カ」とは何かというと、「日」とのことだというんです。二日《ふつか》、三日《みっか》の「カ」です。つまり、「お母さん」には、いつも明るい太陽のような人、そして「太陽の子ども」を産んでくれる人という意味がこめられている。諸説ありますが、そう考えると素晴らしい言葉ですよね。

また、「お父さん」という言葉も意味深いんです。その「太陽」と「太陽の子どもたち」を守る「尊《とうと》い方」からお父さんになったといいます。こちらも諸説ありますが、やはり素晴らしい言葉だと思います。こんな大切な言葉を、戦後たった七〇年で私たちは失おうとしている。

清水　本当に残念ですね。これを読まれた親御さんは、すぐに「パパ」「ママ」禁止です（笑）。

池間　言葉が変わるにつれて、その存在じたいもずいぶん変わってきたなと思う。昔はお母さんは「お母さん」だったんです。つまり、「女」ではなかった。いまは「女」が先になっているように見えます。人間にとっていちばん偉大なのは「お母さん」なんですよ。私はそう思っている。**子どもを産み、育てるということは、何物にも代えがたい尊い仕事**なんです。だから、お母さんたちには誇りを持ってほしいんだけど、おそらく社会がそれを見てくれないんでしょうね。それで、自分の自由や成長ばかりに目が行ってしまうのかもしれない。

清水　いちばん大事なことがおざなりにされていますね。本当に大切にしなきゃいけないことと、そうでないことが、逆転しているように見えてしかたがないんです。

池間　しかも、子どもに好かれようとするでしょう。子どもの言うことをなんでも聞いて、車で学校の送り迎えなんかをしてあげるのが「いいお母さん」だと思っている人が多い。それが大きな間違いで、**雨が降っても自分で行けと言うのが、本当の「いいお母さん」**なはずです。

清水　同感ですね。小さいうちはいいけど、大きくなってから絶対おかしくなってきますよ。本当に子どものためを思うなら、そんなふうに甘やかしてはいけない。子どもはかわいい。しかし、本当にかわいいのであれば、やることが逆さまです。

池間　子どもに媚を売ったら教育なんて成立しません。心配しなくたって、ちゃんとしていれば自然と子どもは親を尊敬しますから、安心してください。

「自分の楽しみ」ばかり考えるな

清水　外国人には、日本の川はまるで「滝」のように見えるらしいですね。ものすごい急流で、びっくりするらしい。つまり、それだけ水害が起こりやすい国なんです。地震や台風、火山の噴火もふくめて、日本人はこれまで大変な自然災害に何度もあい、そのたびに悲しみを乗り越えてきました。その悲しみを知っているからこそ、ささいなことにもありがたみを感じられる民族になったと思うんです。ところがいまの日本人は、先人の血や涙を忘れて、**ただ自分が楽しければいいという人が多くなっている。**悲しみを通してしかわからない、大事なことがあるのに。

池間　同感ですね。日本人の歴史は、自然との戦いでした。地震にしろ、台風にしろ、みんなで協力しなければ乗り越えられなかった、だからこそ、協調性が育《はぐく》まれたんだと思います。われわれの世代は「無責任世代」と言っていい。

清水　本来の日本人らしさが崩壊していますね。「レジャー」なんて意味の言葉は戦前にはなかったそうです。

池間　本来は、**次の世代のためにいまを生きることがもっとも大切**なはずです。ところが最近は、個人の自由と楽しみばかりが優先されて、その精神が忘れられている。講演会も、「自分が楽しいか」「自分に得になるか」のどちらかじゃないと人が集まらないと聞きました。

清水　そうなんですよ。自分が講演をしても、せいぜい三〇人くらいしか集まらないんですが、「お金持ちになる方法」なんかをテーマにした講演は、何百人っていう人が集まる。結果的にお金持ちになるのは、ぜんぜんかまわないと思うんですよ。たとえば[*48]松下《まつした》幸《こう》之《の》助《すけ》は、お母さんが冬場に冷たい水で洗濯しているのを見て、「気の毒だな」と思って洗濯機をつくった。その結果、大金持ちになったわけですが、それは素晴らしいことだと思うんです。

池間　松下幸之助には、「公」がまずありますからね。ようするに、短絡的なんですよ。すぐに果実として手に入るものばかりを求めている。

清水　最近は、「お金持ちになる方法」みたいなマニュアル本は社会悪だとはっきり言うようにしています。この手の本がベストセラーになればなるほど、「私」ばかりが蔓延していく。マルチ商法と一緒ですよね。これを読めば、みんなも私みたいになれますよといって本を買わせる。それを真に受けた若い人は、ただお金をしぼりとられるだけ。

池間　そもそも、金持ちに憧れるっていうのが不思議なんですよね。どちらかと言えば、それはチャイナの思想なんです。チャイナはお金しか信用していないですから。一方、日本には「清貧の思想」があった。でも、いまの人はそれを教えられていませんからね。完全に断絶している。

清水　「武士は食わねど高楊枝《たかようじ》」ですね。**誇りを捨ててまで、カネを得ることはしないという思想が徹底していた**。だから武士は、たとえ貧乏であっても、庶民から尊敬されていたのでしょう。

池間　日本の公務員は、賄賂を受けとらないという面では見事ですね。アジアのほとんどの国では、賄賂が当たり前のようにやりとりされていますから。役人にカネを渡さないと何もできない。警察だって、お金を渡さないと動いてくれないんですよ。「出動するのにガソリン代がかかるからカネくれ」って平気で言ってくる。そんなこと、日本ではまずありませんよね。

清水　「先生」という言葉の語源をご存じですか? 江戸時代の商売は、「みんなつながっている」感覚だったそうです。ようするに、自分の商売が儲かったら、隣の魚屋で魚が買える。それで魚屋が儲かったら、魚屋は隣の八百屋で野菜が買える。「風が吹けば桶屋が儲かる」という言葉がありますが、「輪」になっているイメージなんですね。**その「輪」に入らず、ひたすら「公」のために働く人のことを、「先生」と呼んだらしいです。**

池間　そうなんですか、面白い話ですね。

清水　たとえば、江戸時代のお医者さんは、いちいちお金をとっていなかったらしいですね。払えるときに払えばいいと。でも、庶民はみんな貧乏だから、それでも払えない。だから、お百姓さんだったら「先生、美味《うま》い米がとれたので持ってきました」とか、魚屋さんだったら「新鮮な魚が入ったので食べてください」とか、お金の代わりにモノで払っていたそうです。そして医者は、それを許していた。僕の店にも最近、学校の先生が多くいらっしゃるのですが、必ずこの話をしています。先生なんだから、金持ちになりたいとか、いい車に乗りたいとか、絶対に思っちゃだめだよ、金持ちを目指すのなら、違う職についたほうがいいよって。

＊48　松下幸之助（一八九四 - 一九八九）　松下電器産業（現・パナソニック）創業者。「経営の神様」の異名を持ち、戦後日本を代表する実業家の一人に数え上げられる。晩年は松下政経塾を立ち上げ、政治家の育成にも尽力。

真に「上品な人」がやっていること

清水　日本に伝わる仏教の言葉で、上品《じょうぼん》、中品《ちゅうぼん》、下品《げぼん》っていうのがあるんです。いまの上品《じょうひん》、下品《げひん》という言葉のルーツですね。**上品な人はつねに質素で、みんなのことを考えている人、下品な人はお金に対する執着が強くて、自分のことばかり考えている人**を指します。ところがいまは、それが逆転しているように思うんです。お金を持ってギラギラしている人が上品で、貧乏で汗を流して働いている人が下品だという物差しをはめ込んでくる。そんなのおかしいですよね。

池間　まったくです。

清水　うちの店によくいらっしゃる＊49斎藤一人《さいとうひとり》さんは、「納税額日本一」というだけあって、ものすごいお金を持っているはずなんです。でも、あの人も上品なんですよ。派手な格好をするわけでもなく、車だってふつうのワゴン車です。よく覚えているのが、昔、義理の母に時計をもらったんです。五〇万円くらいする、僕にとっては大変な高級品で。そんな高級な時計をつけたのは初めてだったので、ついはしゃいでしまって、ちょうどお店に来ていた一人さんに「これ五〇万もするんですよ」って自慢しちゃったんです。でも、一人さんは嫌な顔もせず、「うん、いい時計だね、大事にしなよ」って言ってくださった。その後、一人さんが帰られてから、すべてを見ていたカミさんに怒られたんです。「あなた下品よ」って。「あなた気づいた？　一人さん、あのとき自分の時計をさりげなく隠したのよ。あの時計、いくらすると思う？　三〇〇〇万よ」（笑）。

池間　一人さんはひと味違いますね。創業社長で三〇年間、会社を続けることができるのは、たった一％しかいないって言いますが、その中でも非常に優れた方ですからね。

清水　しかも、それをひけらかさない。**上品さは「隠す」ことから生まれる**のではないかと思います。なんでもそうじゃないですか。ちょっと学歴があるからといって、知識をひけらかす人って下品でしょう。まあ、そういうやつがうちの店に来たら、めちゃめちゃほめて気持ちよくさせちゃいますけどね。

池間　ほめ殺しですか（笑）。でも、創業社長で成功した人に、ふつうの人はいないですね。みんな変ですよ（笑）。変じゃないと務まらないと思います。よく「家庭を顧《かえり》みることが大切」みたいに言いますけど、それを創業社長がやったら、たちまち会社は潰れますね。政治家もそうですよ。かつては傍若《ほうじゃく》無人《ぶじん》な暴れん坊がたくさんいました。

でも、いまはみんな「紳士」になってしまった。頭がよくて、弁が立って、いざというとき身体《からだ》を張らない連中ばかりです。

清水　結局、みんな「いい人」になりたいんだと思います。以前、テレビにある政治家が出ていて、「私は電車で通っています。だから庶民の味方なんです」って言っていて、馬鹿じゃないかって思ったことがある。それは、その人が「いい人」だからなんですよ。ようするに、世の中に「問い」という石を投げていない。**政治家なのに、石を投げる勇気がない**んです。「もしかしたら刺されるかもしれない」くらいのことを、ふだんから言ったり、行動したりしている政治家だったら、電車なんか乗れるわけがない。

池間　昔の政治家は、いつ殺されるかわからない世界で生きていました。だから居場所がわからないように、たくさん女をつくって、あちこち泊まり歩いていた。いまの男たちは、みんな紳士になってしまったね。紳士にはできないことって、たくさんあると思うんですが。

＊49　斎藤一人（一九四八‐）「銀座まるかん」創業者。長者番付の常連としても知られていた。著書に『変な人の書いた成功法則』（講談社）、『二千年たってもいい話』（小社刊）などがある。

「石」を投げる勇気を持て

清水　やっぱり池間先生はすごいですよ。自分なんかは批判されるのが面倒なので、ネット上では、はっきりとした物言いは控えているんです。本当は、批判や攻撃に耐える力も必要だと思うんですけどね。

池間　まあ、ネットの中だけでわめいている人たちは、何もできない人たちですから。ましてや匿名でね。左系の人たちだけじゃないですよ。ヘイトスピーチとかやっている右系の人たちも同じです。私はよく、**何か意見があるのなら自分の名前をちゃんと**

出して、ブログやフェイスブックに発表したほうがいいですよって言うんですが、こういうことを言うとよけい攻撃が来るんですね。

清水　実害みたいなものはありましたか?

池間　日本の素晴らしさをフェイスブックに投稿することを続けていたら、故郷の教育関係者の中には反発する方も少なからずいました。現場の先生方の中には、私のファンも多いんですけどね。でも、自分は「講演なんてゼロになったっていいんだ」って、いつも言っています。こういう活動は心臓が強くて、面の皮が厚くないとできないですね(笑)。

清水　僕ももう少し鍛えるようにします(笑)。

池間　アジアの子どもたちの状況と活動についての講演終了後、校長室まで乗り込んできて、絡んでくる教員もいましたよ。いちばんびっくりしたのが、「あなたが子どもを助けるから、人口が増えて困るじゃないか!」って言ってきた教員です。自然淘汰《とうた》だからこのまま死んだほうがいいんだって、平気で言うんです。まあ、そんなのはほんの一部であって、多くの教師のみなさんは真剣に子どもたちに向き合っていますが。

清水　ようするに、「無礼」なやつが多いと思うんですよ。昔からお世話になっている*50西田《にしだ》文郎《ふみお》先生がおっしゃっていたんですが、「失礼」っていうのは、たまたま「礼」を失ってしまっただけ。でも、「無礼」っていうのは、「礼」が初めからない。

池間　うまいことをおっしゃいますね。本音を言うと、**僕らの世代や、僕らの世代よりちょっと上の人たちよりも、若者のほうがはるかにいい**ですよ。インターネットを駆使して調べる能力があるし、ものを見る力もある。だからこそ、若い世代に何を伝えるかがいちばん大事だと思っています。本気で伝えれば変わってくれますからね。日本が米国と戦争をしたことすら知らない子でも、「日本は本当はすごい国なんだよ」って教えれば、「すごいんだ！」って自信を持ってくれる。よくも悪くも、素直なんですよね。

清水　若者がだめだっていう風潮は、テレビの影響が大きいと思うんです。テレビにとり上げられる若者って、どうしようないやつばっかりじゃないですか。たとえば、ハロウィンで騒いで街をゴミだらけにして帰っていくやつとか。でも、**マスコミには決して出てこない、ちゃんとした子もいっぱいいるはず**なんです。そういう子たちが池間先生の本を読んだり、講演を聴いたりすれば、確実にスイッチが入ると思う。実際、うちの店に来て本を読むようになって、どんどん変わっていく子たちを間近で見ていますからね。「もっと勉強したい」って、みんな言うようになりますよ。

池間　この子たちが変えてくれるかもしれない、という期待はしています。彼らによく言うのは、「自分のためにやるんじゃないよ」ということです。自分のためじゃなくて、未来のためにやってもらいたい。自分の年齢に、二六七六年という「祖国の年齢」を足したのが、君たちの年齢なんだって。たとえば二八歳の人だったら、本当は二七〇四歳なんです。

清水　僕は五四歳だから、二七三〇歳だ。

池間　そう考えると、**たかだか八〇年くらいの私たちの人生なんて、ほんの一瞬**ですよ。そう思えば、もう適当なことはできないはず。自分のためだけではなく、二六七六年間にわたって先人たちが築いてきた「わが祖国」に対して恩返しをすること、それが大事だと思います。そのためにも、まず日々を真剣に生き抜き、祖国のことをちゃんと勉強して次世代に伝えていく。それが私たちの義務ではないでしょうか。

清水　本当にそうですね。二六七六年かけて思想が積み重なって、社会がつくられて、その上で僕らは飯を食ったり、モノを言ったりしているんだって思わないといけない。

＊50　西田文郎（一九四九-）　日本におけるイメージトレーニング研究・指導のパイオニア。著書に『No.1理論』（現代書林）、『予感力』『人生を決める3つの約束』（小社刊）など多数。

もっと「粋」な人間になりなさい

池間　日本人の心は、よくも悪くもマイナス思考が基本にあると思うんです。たとえば、誰かが新しく事務所をかまえたとする。でも、しばらくしたら、なくなっていた。そのとき九〇％以上の人は、「ああ、やっぱり潰れたんだ」と思うんですよ。でも、実際は成功して、もっと大きなところに移ったのかもしれない。これが日本人の心理だと思うんです。だから、**九〇%の人はマイナス思考でとらえる**って、最初から思っていたほうが楽ですね。

私も五年に一回くらい、ガンの噂が出るんです（笑）。池間はもう危ないらしいって。つい先日も、久しぶりにお会いしたご婦人に「池間さん大丈夫ですか？　ご無理なさらずに」と深刻な表情で言われました。あまりにも悲しげにおっしゃるので「何かあったんですか？」と逆に問いかけると「えっ！」と驚かれて、「大病なされたと聞きましたが」と。ちなみにご婦人は私よりもはるかに年上です（笑）。でも、そういうのをいちいち気にしていたらだめでしょ。だからわざと「いやあ、実はあと三か月で」とかって言っているんです。

清水　そういうところが、池間先生の粋《いき》なところですね。やっぱり冗談が通じない世の中って、すごく貧しいと思うんです。「まじめ」と「ふまじめ」をきっちり分けちゃう世の中。両方ふくんでいていいと思うんですよ。それを「非まじめ」って呼んでいます。

池間先生がおっしゃる「強さ」と「弱さ」も同じで、人間は両方ふくんでいると思うんです。それをきっちり二つに分けようとするから、ジョークが通じないし、洒落《しゃれ》もないし、粋でもなくなっていると思う。なんでも二つに分けて考えることを「二元論」と言いますが、本来、日本人の考え方は「一元論」なんです。白黒はっきりと分けるのではなく、グレーの部分も認め、許す。そうでなければ、創造的ではありません。そのあたりは、古典落語を聴いているとよくわかります。

池間　**洒落の通じない世の中は面白くない**ですね。私もジョークが好きで、講演とかでよく言っているんです。「いやあ、左手が腱鞘炎《けんしょうえん》になっちゃって、痛いんですよ」「儲かって、儲かって、左うちわなんです」とか(笑)。

清水　それ、今度使わせていただきます(笑)。

池間　粋と言えば、*51 三木武吉《みきぶきち》が有名ですね。選挙演説のときに、対立候補が「あいつは女を四人も囲っている。なんてやつだ!」ってワーッと言ったら、三木武吉が「四人じゃありません、五人です」「たったこれだけの数字を間違えるような人間を、政治家にしてはいけません」って返したそうです。かっこいいですよね。いまは通じないでしょうが。

清水　いまは通じないっていうのが、非常に嫌な感じなんですよね。人間なんて間違える動物なのに、ちょっとでも間違うと、そこをしつこく攻撃する。**余裕がなくなっているというか、寛容さが失われている**ように思います。

＊51　三木武吉（一八八四 - 一九五六）大正・昭和時代の政治家。戦後、自由民主党結党による保守合同をなしとげた、最大の功労者とされる。「ヤジ将軍」「策士」「政界の大狸」などの異名をとった。

「負」の経験こそが人を強くする

清水　本来の日本人は、「負」から始まっている人を魅力的に感じる民族でした。以前、右脳教育の大家、*52七田《しちだ》眞《まこと》先生がこんなことを言っていました。「人間が成長するためには、三つの苦しみが必要だ。**極貧を味わうこと。大病をわずらうこと。信用していた人間に裏切られること**。この三つをなるべく早く経験したほうがいい」。

池間　ああ、よくわかります。

清水　七田先生ご自身は、「極貧」と「大病」は若いころに経験されたそうなんですけど、最後の一つがなかなか訪れなかった。そんなとき、七田チャイルドアカデミーのスタッフがお金を持って逃げちゃったらしいんです。ふつうの人なら落ち込みますよね。ところが七田先生は、「やっと三つ目が来た！」「これでおれはうまくいく！」と言って喜んだという（笑）。

私、この話を最初に聞いたときは、正直よくわからなかったんです。貧乏だって、病気だって、裏切りだって、経験しないですむならそのほうがいいじゃないかって。でも最近、やっと腑《ふ》に落ちるようになったんです。簡単に手に入るモノは、簡単になくなります。しかし、負から正に転じたときに手にしたモノは、一生モノなんです。負、つまりマイナスから始めたほうが、本当の喜びを手に入れることができる。

池間　マイナス思考を肯定することは大事です。どっぷりつかってはいけないけど、否定したり、見て見ないふりをしたりするのはよくない。だいたい、プラス、プラスって叫んでいるやつは疲れるじゃない（笑）。実際は自分に言い聞かせているだけだったりしますし。

清水　現在の自己啓発の源流は、ジョセフ・マーフィー[*53]をはじめとする米国の成功哲学ですが、さらに元をたどっていくと、何かの宗教の教えに行き着くらしいんです。しかし、その宗教はマイナスのこともちゃんと教えている。マイナスの経験が人を強くするということを、彼らはわかっているんですね。ところが、いつの間にかマイナスの部分がはぶかれて、プラスの部分だけになってしまった。それがいまの自己啓発なんです。逆説的ですが、**マイナスをはぶいたから、日本でこんなにウケたん**だと思います。負の部分、先ほどの言葉で言えば「穢れ」を見たがらない、いまの日本人にフィットしたしたんじゃないでしょうか。

池間　それは危ういですね。たしかに、悪いことばっかり考えていたら、本当に悪い方向に行っちゃうのはわかるんですよ。でも、プラスのことを思うには、いったんマイナスへ落ちないと本気で思えないですよ。マイナスを経験して落ち込んで、でもそこからふんばってまた進むことが大事なのであって、マイナスを経験することなく、近道を通ってプラスへ行こうとするのはちょっと違うと思います。

清水 先ほど言ったように、二六七六年の長い歴史の中で、日本人は幾多の自然災害というマイナスを経験してきました。そのDNAがあるからこそ、日本人は成長してこれたんだと思います。

池間 日本の神話も負の部分をすごく大切にしています。**外国の神話と比べてみると、日本の神話は神さまを美化しない**んですよ。女ばっかり追いかけ回していたり、やきもち焼きだったり、兄弟で仲が悪かったり。もちろん高潔な面だってあるんですが、泥臭い面も見せてくれる。見事な神話だなと思います。

清水 大国主大神《おおくにぬしのおおかみ》も、兄弟たちとけんかばかりしていますよね。

池間 すごく仲が悪くて、二回も殺されています。兄弟が八〇人いるんですが、実際はそんなことはありえないので、ある一つの部族をモデルにしているんでしょうね。ちなみに大国主大神は、女にもだらしないです。浮気だってしてますし。

清水　イエス・キリストがスケベだなんて、そんな不遜な話、聞いたことありませんものね。女性の神さまは、そういうときどうしているんですか。

池間　嫉妬に狂う神さまもいれば、じっと耐える神さまもいるし、ワーッと文句を言う強い神さまもいれば、静かに去っていく神さまもいます。人間とまったく一緒です。ただ、浮気はするけれども、暴力を振るったりはしないんですよ。何しろ天照大御神《あまてらすおおみかみ》*54が女性ですから、最終的には女の神さまを大切にする。そこもまた日本的だなと思います。

＊52　七田眞（一九二九 - 二〇〇九）　教育研究家。七田チャイルドアカデミー校長。右脳の力を引き出す目的とした「七田式幼児教育」を提唱。著書に『七田式フィンランド・メソッドで「頭のよい子」が育つ本』（小社刊）など多数。

＊53　ジョセフ・マーフィー（一八九八 - 一九八一）　宗教者、著述家。「潜在意識の活用」を提唱し、いわゆる自己啓発の元祖として知られている。著書に『マーフィー 眠りながら巨富を得る』（三笠書房）など多数。

＊54　天照大御神　日本神話に登場する神。皇室の祖神、日本国民の総氏神とされ、伊勢神宮の内宮で祀られている。「天岩戸の神隠れ」で有名。

神道が教えてくれる日本の心

清水　神さまだって、いい面もあれば、悪い面もある。それを受け入れる度量の広さが日本人のよいところだと思います。ところが、いまの日本人はすぐに善悪をつけたがる。善悪なんて時代が変われば簡単にひっくり返るものなのに、悪と決まったとたん、よってたかって全力で叩く。

池間　一〇〇%の悪なんて、本当はないんですよ。**悪の中にだって必ず善はある**。それを教えてくれるのが神道だと思っています。世界の神々は「あれをしてはいけない、これをしてはいけない」「罪を犯したら罰を与える」がほとんどでしょう。ところが日本の神道は、戒律もなければ罰則もない。

清水　たしかにそうですね。

池間　私は特定の宗教を信仰しているわけではありませんが、神道が大好きです。**神**

道は宗教というより「倫理」、人の歩む道を教えてくれるものだと思っています。

清水　世界に目を向ければまたぞろテロが頻発していますが、あれだって善悪で物事を判断しているからですよね。本来の日本人の感覚で考えれば、あんなことやっていてもしかたないのに、きりがないのにって思いますけどね。

池間　一神教の世界はやっぱり怖いものがありますよ。ユダヤ教も、キリスト教も、イスラム教も根っこは一緒なのに、「自分の神様だけが絶対だ」と他の神々を否定しますから。アジアの国々でも、ヒンズー教と仏教の対立、キリスト教と仏教の対立、あるいはイスラム教どうしの対立など、宗教対立はかなり激しいものがあります。

私はあるときミャンマーの片田舎で、イスラム教徒の男性に「お前たち日本人はイスラム教徒なのか?」と聞かれたことがあります。「違う」と答えると、「じゃあ、なぜ俺たちの村に学校や井戸をつくるんだ?」と不思議がる。「日本人はイスラムだろうが仏教だろうが関係ない。いまあなたの村には学校と井戸が必要だからつくるんだ」と答えると、驚いた表情で「信じられない。イスラム教でもない人々が自分たちを助けてくれるなんて」と目を丸くしていました。そして私の両手を握りしめ、「日本人は素晴らしい」と何度も言いました。そう、日本のすごさはそこなんです。すべてを受け入れる神道の奥深さが、日本の力だと信じています。

「行動カメラマン」と「本のソムリエ」

清水　テレビを見ていると、さも「ストレス解消」がよいことのように扱われていますが、本当かなって思うんです。先ほど先生がおっしゃったように、負の部分を直視しようとする発想になれば、ストレスは悪いものではなくなるはず。ストレスを悪いもの、嫌なものとしてとらえるから、うつ病がこんなに増えているんじゃないですか。「ストレスはいいものだ」って考えないと。**圧をかけて、自分を成長させてくれるものがストレスだ**って。身体だって、運動という適度のストレスをかけてあげないと、すぐに弱ってしまいますよね。心も同じです。

池間　マイナスをしっかり見つめることが、プラスになるんですよ。プラス思考だけ唱えている人は信用できないな。

清水　そうですよね。ようするにインチキ臭い(笑)。

池間　セミナー系はそういう人が多いですね。それにしても、講演者になりたがる人が多すぎると思いませんか。いったいどういう現象なのか。なんでお前が人前でしゃべれるんだって思ったりするんです(笑)、正直言うと。どんな経験したの、どんな優れたことをしたのって聞きたくなる。

清水　本だけ読んで歴史の講演とかしている人もいて、びっくりします。

池間　自分は何もやっていないじゃないかって。私も全国各地で講演をしていますが、自分の話なんか絶対できませんよ。自分の人生なんて、とてもじゃないけど人さまの前では話せません。自分より優れた人なんて、たくさんいますから。私がお伝えしているのは、**「アジアの子どもたちってすごいだろう」ということ、そして「日本ってすごいだろう」ということだけ**です。「私ってすごいだろう」じゃないんですよ。

清水　自分も世間から「本のソムリエ」って呼ばれちゃうんですが、あれはテレビに出たときに、テレビ局の人が「人は彼を〝本のソムリエ〟と呼ぶ」とナレーションをつけたからなんです。

池間　そうだったんですか。

清水　自分じゃ恥ずかしくて、「本のソムリエ」なんて名乗れませんよ。本や講演だと、どうしてもそう紹介されてしまうので、しょうがないなと思ってあきらめているんですが、自分から言ったことは一度もないです。そういうのを恥ずかしいと思わない人が多くなってきているのかな。

池間　私はいいネーミングだと思ったけどね(笑)。私は以前、「報道カメラマン」ならぬ「行動カメラマン」という名前をいただいたことがあります。カメラマンは災害地や戦場など、危険な現場に入り撮影をし、写真展などを開いて報告や講演を行なうのが一般的ですが、私の場合は写真展や講演は目的ではなく「手段」なんです。一人でも多くの方々にアジア途上国の現状を訴え、一人でも多くの方に応援をしていただきたいと思ってやっている。

写真展や講演だけでなく、実際に行動を起こし多くの方々を支える。手前味噌で大変申し訳ないのですが、おそらくこのようなカメラマンは日本にはいないのではないでしょうか。だからこそ「行動カメラマン」という名前をつけてくれたのかもしれません。現在、アジアチャイルドサポートは五〇〇〇名近くのサポーター会員がいらっしゃいます。**この方々の応援があるからこそ、アジア一〇か国で活動し、三〇万人近くのアジア途上国の人々を支えることができるようになった**んです。

清水　その意味では僕も、本を販売するのが目的ではなくて、お客さんの人生をよいほうへ変えることが目的ですから、先生とちょっとだけ似ているかもしれませんね。

世界に誇れる日本の「ものづくり」

池間　本当に優れた人は表に出てこないものですよ。いつか店長と一緒に行きたいと思っているんですが、うちの近くの商店街に古い食堂があるんです。外見はボロくてね、入るのにちょっと勇気がいるんだけど、中に入ってみるとすごくきれいなんです。ぜんぶピカピカに磨かれている。しかも、六〇代くらいのご主人が調理をする姿がすごいの。両手をつねに動かしながら、「いらっしゃいませ」「ありがとうございました」って挨拶も丁寧にする。流れるような所作で、女房と「まるで芸術だな」って話しながら、ずっと見つめてしまいました。

清水　貴重なお店ですね。うちの近くにも、「勝」っていうラーメン屋さんがありまして、お茶のお点前《てまえ》をするみたいにラーメンをつくるんです。すごく丁寧で、しかも無駄がない。それでやっぱり、店内はピカピカなんです。こうしたお店は日本のどこにも必ずあって、それは日本人の「わびさび」の精神から来ていると思っています。**古いものに、人の手を入れることによって、さらに輝くものにしていく**。新しいものばかりもてはやすのではなく、古いものに価値を見いだす心が大切ですね。

池間　人間だってそうです。きらきら輝いている人ばかりにスポットライトが当たるけど、私はさっきの食堂のご主人みたいな、いぶし銀な人に感動を覚える。これぞ本物の日本人だって。私の団体では自立支援の一環で、途上国の方々に洋裁、陶芸、機織りなどものづくりの支援も行なってきたのですが、ことごとく失敗しました。たとえばコーヒーカップをつくる技術を教えようにも「飲めればいいじゃない」と言う。

「もっと美しく丁寧に」と教えても、雑なつくりしかできない。洋裁で学校の制服をつくっても、ほころびだらけで形も整わない。「もっときれいに仕上げて」と言うと「着られるじゃない」と反論が返ってくる。

清水 そんなに国民性が違うんですね。

池間 日本人はものづくりに関して徹底的に突きつめる文化を持っているからこそ、世界一の技術大国として豊かになったんだなとつくづく思います。だから現地の人たちには、「日本人に売ろうとするのはやめたほうがいいですよ。国内販売だけにしておきなさい」とはっきり言います。日本人が納得する商品をつくるには、ちょっといまの状態では難しい。日本人は、きゅうりの長さを整えたり、トマトの大きさをそろえたり、そこまでやる民族ですから。

清水 **日本人の基本はやっぱりものづくり**ですね。

池間 日本が小さな島国で、資源も何もないのはみんな知っています。それなのに、どうしてテレビも、自動車も、冷蔵庫も、みんな日本製なのか。アジアの人たちは不思議がっています。「お前たちの頭を割って、脳の中を見てみたい」って、これまで四人くらいに言われましたよ。
　日本製品は、アジアの国々では完全にステータスなんです。「SONYだぞ、すごいだろう」って、みんな自慢している。逆に、中国製だと隠します（笑）。**「中国製の車は買ったら一年で壊れる。韓国製は三年で壊れる。日本製は中古でもずっともつ」**とも言われています。
清水　本だって、日本の本は美しいですよ。外国の本はペーパーバックばかりで、読めればそれでいいという印象を受けますね。
池間　わかります。私の経験で言えば、アジアの国々で本を手にすると、びっくりするぐらい雑です。どこかでコピーしてきたのかと思うくらい（笑）。それに比べて日本の本は素晴らしいと心の底から感じますね。
清水　アジアでは、日本製のまがいものもたくさん出回っているそうですね。
池間　「SANY」とか、「PANASOKA」とか、「HQNDA」とか、いろいろありますよ（笑）。
清水　そのうち「読書のすずめ」とか出てくるかもしれない（笑）。そんなパクリが出てきたらうちも本物ですね。

池間　私がカンボジアあたりで「読書のすずめ」を出しましょうか（笑）。たしかに、ニセモノが出るのは本物のあかしでもありますね。私の団体も、これまでいろいろな事件に巻き込まれました。勝手に団体の名前を使って街頭募金をされたり、途上国投資に私の名前を使われたり、実際に警察沙汰になったこともあります。見ず知らずの輩《やから》が、自分の利益のために多くの人々の善意を踏みにじる。許せないですね。ちなみに**私の団体では、街頭募金は一切、行ないません**。読者のみなさんも注意してくださいね。

いまも台湾に残る「アサリ精神」とは

池間　かつて日本の最大の防衛力は、日本人の精神性だと言われていました。ロシアなどは一度も日本に勝ったことがないから、日本のことはなめちゃいけないと怖れていた。ところがいまは、その日本人の精神性が変わってしまったから、領土問題でもなんでも強気に出て大丈夫だと思われている。

清水　悔しいですね。昔の日本人は、みんな「公」を意識していたように思うんです。それが日本人のいちばんの財産だったのではないでしょうか。

池間　その通りですね。終戦直後、ソ連は日ソ中立条約を破って、対日参戦を仕掛けてきました。そのとき、千島列島のいちばん北にある占守島《しゅむしゅとう》にソ連兵が攻め込んできた。日本軍はすでに武装解除をしていましたが、[*55]池田末男《いけだすえお》大佐率いる戦車第十一連隊が、「このままソ連の侵攻を許してしまうと、北海道が占領されてしまう」と言って、全員が玉砕を覚悟し戦ったんです。これが有名な[*56]占守島の戦いです。そして、圧倒的に不利な状況にもかかわらず勇猛果敢に戦い、ソ連軍を撃破した。もしこの戦いで負けていれば、北海道はソ連に実効支配されていたでしょう。日本が分断されていた可能性も高い。

清水　まさに「公」のために戦ったんですね。

池間　**こういう軍人さんのエピソードを、もっと若い人に伝えたほうがいい**ですね。ドイッとの対比もすごく面白いんですよ。ドイツも戦争に負けてから、ソ連に攻め込まれたんです。そのとき一部の高官が、もう一度、武装して戦おうと言った。ところがドイツ兵たちは、「やっと戦争が終わったのに、どうして戦わないといけないんだ」と言って反乱を起こしたんです。日本とずいぶん違うでしょう。こういう話をすると、若い人はすごく自信を持つんですよ。

清水　どんどん伝えていきましょう。

池間　その後、日本の東京裁判にあたる、ニュルンベルク裁判[*57]が開かれたのですが、ドイツの高官や軍人たちは、死刑を宣告されたとたん、みんな泣いて大騒ぎしたそうです。一方、日本の東条英機《とうじょうひでき》[*58]はじめ、いわゆるA級戦犯といわれるみなさまは、全員が無罪を訴えたけれども、死刑と決まったら深々と頭を下げて「受け入れます」と言って去って行った。

清水　かっこいいですね。

池間　かっこいいんですよ、日本人は。台湾の先住民を調査しているときに出会った、アミ族の九五歳のおじいちゃんがいます。支那事変からガダルカナル島の戦いまで、五年間、日本のために戦い続けたそうです。そのおじいちゃんが泣いて言うんですよ。「日本人はすごかった」って。私が「日本人のどこがすごかったんですか？」と聞いたら、**「あっさりしているところ」**と言っていました。台湾には「アサリ精神」という言葉がいまも残っています。「あっさり」が「アサリ」に変化したんですね。私はこれこそが日本精神の本質だと思う。日本人はとことん考え抜いて、とことん耐え抜くけれども、死ぬときはあっさり死んでいく。執着しないんです。

清水 なるほど。広島・長崎の原爆投下でも、これが他の国だったら、ずっと恨みに思ってテロとかいまだにやっているかもしれない。

池間 日本には「戦《いくさ》は時の運」という考え方があって、**相手をやっつけようが、やっつけられようが、たいてい最後には水に流している**。天皇陛下の存在も大きいと思います。以前、歴史にくわしいと称する外国人から、こんなことを言われたんですよ。「戦時中は勇ましいことを言っていたのに、負けたとたん手のひらを返して、へいこらする日本人は情けない民族だ」と。私は何くそと思って、こう言い返しました。「日本人は最後の最後まで戦うつもりだったんだ。ところが天皇陛下が、もうやめなさいとおっしゃってくださったから、みんなそこでピシャッとやめた。お前たちにそれができるか」と。

清水　他の国だったら、意見が割れて内戦状態になったり、一部の残党がテロリストになったり、きっとこんなふうにまとまらなかったでしょうね。

＊55　池田末男（一九〇〇 - 一九四五）　陸軍軍人。最終階級は少将。占守島の戦いを指揮し、ソ連軍を撃破するものの、その後の戦闘で戦死した。別名「戦車隊の神様」と呼ばれた。

＊56　占守島の戦い　一九四五年八月一八日、千島列島最北の占守島で発生した日本軍とソ連軍との戦い。ソ連の一方的な奇襲にもかかわらず、日本軍優勢で推移したが、二一日、軍命により降伏。多くの日本兵がシベリアへ抑留された。

＊57　ニュルンベルク裁判　ドイツの戦争犯罪を裁くことを目的に、一九四五年から四六年にかけて、ニュルンベルクで開かれた国際軍事裁判。二二名に対し、平和に対する罪および人道に対する罪が問われ、一二名が絞首刑に処された。

＊58　東条英機（一八八四 - 一九四八）　陸軍大将、政治家。一九四〇年、第二次近衛内閣の陸軍大臣に就任。翌年、首相となり、対米英開戦の最高責任者をつとめた。四四年、総辞職。戦後、A級戦犯として絞首刑に処された。

これが「大和魂」というものだ

池間　この活動をしていると、白人たちとやり合うこともあります。彼らはけっこうずるがしこいですから(笑)、たまにけんかにもなるんです。でも体格が違うので、力では勝てないときもある。そんなときは、「あとでホテルに行くから待ってろ。カミカゼ知ってるだろ」と脅すと、「ちょっと待ってくれ」とビビり出します。

清水　「カミカゼ」は世界共通語なんですね。

池間　ええ。**日本人はおとなしいけれど、いざとなったらあっさり命を捨てる民族だってわかっているんです。**たとえばこんな話もある。台湾のある地域には、昔から「首狩り族」が住んでいました。日本が台湾を統治してしばらく、そこに日本人の男性教師が赴任してきたんですが、首を狩られて殺されてしまった。その後任としてやって来たのが、わずか二〇歳の女性教師でした。名前を砂岡先生と言ったそうです。そして彼女は、みんなの前でこう堂々と宣言した。「私は首を狩られる覚悟でここに来た。命をかけてみなさんの子どもたちを教えます」。わずか二〇歳そこらの女性が、ここまでの覚悟を持っていたんです。

清水　見事としか言いようがありません。

池間　みんなその先生に憧れるようになって、その地域では、大人になってから医者や大学教授になる子どもがいっぱい育ったそうです。いまでも高い教育レベルを誇っているそうですよ。それは砂岡先生のおかげだと、現地の人はみんな感謝しているんです。

　ちなみにこのエピソードを語ってくださったのは、七九歳のご老人でした。でも、そのご老人は取材の最後に、「こんな人は、もういまの日本人にはいないね」「**もう一度、砂岡先生のような心をとり戻してほしい**」と、悲しそうにおっしゃっていました。

清水　胸に突き刺さる言葉ですね。

池間　軍人もしかりですが、昔の教師も再評価される世の中になってほしいです。とくに日本統治時代の台湾へ赴任する教師たちは、志高く、立派な方が多かったようです。台北の「六氏先生《ろくしせんせい》」[*59]も有名ですね。彼らの思いが、いまの台湾教育界にも、しっかり残っていると聞いています。これからもどんどん現地を取材して、日本に伝えていきたいと思っています。

＊59　六氏先生　日本統治時代の台湾に設立された小学校、芝山巌学堂（しざんがんがくどう）に赴任し、暴徒に襲われて殉職した日本人教師六名のこと。いまも台北市に「六氏先生の墓」があり、現地の人々から称えられている。

4章

人生を後悔しないために

成功者に共通する二つのこと

池間　私はこれまで、「成功者」と呼ばれる人たちにたくさん会ってきましたが、共通点が二つあります。一つは、みんな読書家だということ。読んでいる本がふせんだらけなんですよ。ここまで考えて読んでいるのかと思って、びっくりしたことが何度もある。

清水　そういえば、『魂の燃焼へ』の執行草舟さんもふせんだらけでした。

池間　やはりそうですか。もう一つの共通点は、成功している人ほど「素直」だということ。以前、著名な上場企業の経営者たちを前に講演したんですが、「こんな若造の話なんて聞くものか」「俺のほうがすごいんだ」といった態度の人は一人もいなかった。みなさん涙をボロボロ流して、真剣に聞いている。そのとき、思いましたね。**人間にとっていちばん大切なのは、こういうことなんじゃないか**って。

清水　[*60]西田幾多郎《にしだきたろう》という哲学者が、「純粋経験」ということを言っています。小さい子どもって、いま見たこと、いま聞いたことに対して純粋に反応するじゃないですか。われわれだって、子どものころはそうだったはずです。ところが、大人になるにつれて純粋さを失い、「純粋経験」からどんどん遠ざかっていく。成功者と呼ばれる人たちは、その「純粋さ」をいまも持っているんじゃないでしょうか。

池間　そんな気がしますね。われわれも、それをとり戻さないといけない。ただ、成功者の書いたビジネス書には気をつけたほうがいいですよ。とくに若い人たち、商売をやっている人たちには、**「成功本は読むな」**と教えています。多くの成功本は、きれいごとばかり書かれていて、負の部分がほとんど書かれていない。成功するには、ドロドロした部分、あくどい部分がないと、絶対無理だと思うんです。それでも成功本を読みたいなら、何割か差し引いて、一歩引いた目線で読んだほうがいいよと言っています。

清水　『スタンド・バイ・ユー』という素晴らしい本を書いた、[*61]岡根芳樹《おかねよしき》さんも同じことを言っています。読むなら小説とか、歴史ものとか、古典を読みなさいと。斎藤一人さんも、成功法則の本を何冊も出されていますが、ご本人が成功本を読んでいるのは見たことないんです。

池間 そういうものなんですね。成功者は成功本を読まない。

清水 うちの店も、その手の本はほとんど置かなくなりました。その代わりに増えてきたのは歴史の本ですね。いまは、**成功したいなら、歴史の本を読むのがいちばんいいんじゃないか**と思っています。歴史には人間の負の部分がたくさん詰まっていますからね。

＊60 西田幾多郎（一八七〇 - 一九四五） 日本を代表する哲学者。京都大学教授、名誉教授を歴任。「京都学派」の創始者。主著『善の研究』ほか、多数の著作を発表し、いわゆる「西田哲学」を確立した。

＊61 岡根芳樹（一九六四 - ） 和歌山県出身。ソーシャル・アライアンス（株）代表取締役社長。著書に『LIFE IS BEAUTIFUL』（ソースブックス）、『スタンド・バイ・ユー』（エイチエス）がある。

沖縄をだめにした二大新聞

清水　歴史を勉強するうえで、先生のおすすめの本はありますか。

池間　最近の本でしたら、関野通夫《せきのみちお》さんの『日本人を狂わせた洗脳工作』[*62]をすすめています。五〇〇円くらいで買える薄い本なので、若い人でも読みやすいと思いますよ。米国が行なったWGIP[*63]について、きれいごと一切なしで書いています。

清水　うちの店でもすぐとり寄せてみます。

池間　ふだんよく読んでいるのは、曽野綾子《そのあやこ》[*64]さんですね。彼女の冷静かつ的確で、飾らない文章が好きです。アフリカなどの貧困地域の現状にもくわしい方で、「考え方が同じだな」と納得するときもあります。たとえば彼女は、「国際協力の現場では相手を泥棒と思え。泥棒相手に仕事をしていると覚悟しなさい」と断言している。なかなかここまでは言えません。すごい方だなと尊敬しています。

清水　以前、小説家の*65百田《ひゃくた》尚樹《なおき》氏が「沖縄の二つの新聞を潰《つぶ》せ」と言って問題になりましたが、あの発言についてはどう思っていますか。

池間　さすがに「潰せ」は言いすぎだと思ったよ(笑)。左に傾いてはいるけれど、中には立派な記者さんもいらっしゃいますから。ただ、あの二つの新聞社が変わる努力をすべきなのは確かですね。

清水　マスコミと闘おうとする沖縄の人はいないんでしょうか?

池間　保守、革新問わず、心配している人々は数多くいます。私の友人たちも、ほとんどが憂いを持っていると思います。ただ、それぞれに社会的立場があって、なかなか表立って語ることはできませんね。

清水　そう考えると、先生の存在は大きいですね。

池間　今後、風当たりはますます強くなるでしょう。それでも、言わなければならないことは言っていきます。自分が食っていくことも大事ですが、**それよりも日本の素晴らしさを後世に伝えることのほうがはるかに大事**ですから。

清水　先生が小さいころから、沖縄は左系が強かったんですか。

池間　いえ、いまでこそ左翼の巣窟《そうくつ》のように思われていますが、私が子どものころの沖縄は、日の丸も君が代もみんな大事にしていたんですよ。昭和天皇、香淳皇后のお写真だって、どの家にも飾られていました。ところが、復帰の日が近づくにつれて、どんどんおかしくなっていったんです。日本の悪口を言うことを良しとする風潮が、どんどん広まっていった。

私が中学生のころは、「日の丸を揚げよう」「君が代を歌おう」「祖国復帰！」「日本に帰ろう」と言っていたのが、高校生のころになると、「日本軍が悪いことをした」「沖縄は虐げられている」などと教えられる。私自身、わけがわからない。「なんなんだこれは！」と不思議な感じがしました。まだ思春期の高校生ですから、悩みましたね。「いったい自分は何者か？」と。**「日本人なのか。アメリカ人なのか。沖縄人なのか」**と。苦しかった。

＊62　『日本人を狂わせた洗脳工作』　近現代史研究家、関野通夫氏による一〇〇ページ弱のブックレット。自由社刊。ＧＨＱの二万五千点におよぶ文書から、「日本人洗脳プログラム」の証拠書類を発掘したとして、大きな話題を呼んだ。

＊63　WGIP　「ウォー・ギルト・インフォメーション・プログラム」の略称。GHQが占領政策の一環として行なったとされる、戦争についての罪悪感を日本人の心に植えつけるための宣伝計画。江藤淳も、その存在を主張していた。

＊64　曽野綾子（一九三一-）　作家。聖心女子大学卒。一九九五年から二〇〇五年まで日本財団会長をつとめた。著書に『人間にとって成熟とは何か』（幻冬舎）、『うつを見つめる言葉』『幸せは弱さにある』（小社刊）など多数。

＊65　百田尚樹（一九五六-）　小説家。同志社大学中退。放送作家として人気番組を手がける一方、二〇〇六年、『永遠の0』（講談社）で作家デビュー。その後、『海賊とよばれた男』（講談社）など、話題作を量産している。

頭のいい人がやっているすごい読書術

池間　人間というのは放っておくと、自分が「こうあってほしい」と思うものばかり選ぶ習性があります。だから私は、それにブレーキをかけて、**まったく反対の意見の**

本を読むことを心がけています。わかりやすい例で言えば、「戦時中、日本はこんなに残虐なことをした」と書かれている本を読む。そして、それに対してどう反論するかを考えるんですよ。そのほうが絶対に勉強になります。

清水　その通りですね。ちょうどいま、*66岡潔《おかきよし》という数学者が書いた『日本の国という水槽の水の入れ替え方』という本を読んでいるんですが、これが面白いんですよ。

池間　本人の写真がインパクトありますね。

清水　ええ、すごい顔したおじいちゃんで。年とったら、こういう顔になりたいと思っているんですが（笑）。この方は「日本民族の滅亡だけは、なんとしてでも食い止めたい」と、日本の行く末を非常に憂いていまして、何より日本をだめにした根本的な原因は、日本国憲法前文だとおっしゃっています。日本国憲法前文を考えたのは、*67ジョン・デューイという米国の学者らしいんですけど、岡潔は池間先生のように、彼の本を何十冊も読んだらしい。結論としては、デューイという人は「獣みたいな心」の人だった。そんなやつがつくった日本国憲法前文は当然だめだと。

池間　読まないと、こうして反論できませんからね。

清水　もともと日本人は「情」の民族で、みんなで団結して生きてきました。ところが、デューイという人の思想の根底には、「自分さえ幸せになればいい」という個人主義的な考え方がある。だから日本人がおかしくなってきたんだと、岡潔は言っています。**戦後七〇年たって、本来の日本人からますます大きくズレてきた**ように思います。悔しいけれども、ＷＧＩＰが完璧に機能し、米国の戦後統治が成功した結果でしょう。岡潔の警告通りになってしまっています。

池間　米国から見たら、日本なんて小さな島国ですよ。国力だって一〇倍以上の差があった。それなのに、日本人はあそこまで戦った。そのことに対して恐怖を覚えたんですよ。だから、日本人が二度と一致団結しないように、そして自分たちに反抗してこないように、徹底して日本人を「改造」したんだと思います。でも、米国の立場に立って考えてみれば、そうするのは当たり前なんです。**悪いのは、戦後七〇年、ずっとそれを放っておいた日本人**ですよ。ですから私は、この点に関しては、米国に対して「このやろう」と言う気はありませんね。

清水　日本人に合ったしくみが必要ですね。たとえば、サッカーを見ていて思うんですけど、どうして監督をわざわざ外国人に頼むのかなって。振り返ってみれば、結局、岡[*68]ちゃんのときがいちばん成績がよかったんです。サッカーにかぎった話ではありませんが、「日本人に合った戦い方」というのが絶対あるはずなので、それにもっと自信を持ってほしいと思いますね。

池間　日本的なやり方に西洋のいいところをとり入れれば、もっともっと強くなりますよ。私が日本人のいちばん優れた点だと思っているのは、深い宗教心を持っていることです。これは意外に思うでしょう。日本人は無宗教じゃないのかって。でも、身にしみついているんですよ。お正月には神社やお寺に行くし、お盆には墓参りをして先祖を供養する。お箸《はし》や履物をそろえることや、朝日を拝むことだって、一種の宗教心です。こうしたことが自然に身についているのは、世界広しと言えども日本人くらいですよ。

＊66　岡潔（一九〇一 - 一九七八）　数学者。奈良女子大学名誉教授。一九六三年に毎日出版文化賞を受賞した『春宵十話』（光文社ほか）をはじめ、日本人に警鐘を鳴らす随筆を数多く執筆した。
＊67　ジョン・デューイ（一八五九 - 一九五二）　哲学者、教育学者、社会思想家。米国バーモント州生まれ。

＊68　いわゆる「プラグマティズム」を代表する思想家であり、進歩主義教育の理論的な基礎づけをした。
岡ちゃん　元サッカー日本代表監督、岡田武史（一九五六‐）の愛称。一九九七年、サッカー日本代表の監督に就任し、日本代表を初のＦＩＦＡワールドカップ出場に導いた。現在は、四国リーグＦＣ今治のオーナーをつとめている。

日本人に受け継がれてきた「ＤＮＡの命」

清水　ある本で読んだんですが、命には三つの種類があるそうです。一つ目は「肉体の命」。これは通常、われわれが思い浮かべるところの命ですね。二つ目は「記憶の命」。たとえば僕が死んでも、子どもや奥さんの心の中では生き続けると思うんです。死んでも残るのが「記憶の命」なんですね。ただ、子どもや奥さんもいつかは死ぬ。そうしたら、僕の「記憶の命」もなくなります。そして、**三つ目が「ＤＮＡの命」**です。

たとえば「脱いだ靴はそろえましょう」とか、「箸は横向きに置きましょう」とか、誰が言い始めたのかわからないけれど、脈々と受け継がれていることってありますよね。それが「ＤＮＡの命」で、日本人の暮らしはこの命に満ちていると言うんです。

池間　たしかにアジアにもお箸の文化がある国はいっぱいあるけど、きちんとそろえるのは日本だけですね。どの国もたいてい適当に置いてますよ。だから日本人がきれいにそろえていると、「どうしたの？」って聞いてきます。

清水　それもやはり神道から来ているみたいです。食べ物は神さまからいただいた神聖なものなので、箸を横向きに置くことで、結界をつくり、向こうの世界と人間の世界とを分けている。そして手を合わせて「いただきます」と言う。**自分の子どもにも、箸の使い方だけは厳しくしつけました**ね。

池間　いまはきちんと使えない人が多いでしょう。

清水　たまに牛丼屋とか行くと、ものすごい姿勢で食ってるやついますよね(笑)。いま日本人で箸がきちんと持てるのは、たった二五％だそうです。箸をきちんと持つと、自律神経が安定する効果もあるらしいですよ。科学的にも解明されてきている。靴をそろえる効果だって、心理学的にわかってきています。靴をそろえるのって、家に入って最初にすることじゃないですか。最初をきちんとすると、家の中もきちんとしようという心理が働くそうです。逆を言えば、靴の脱ぎ方が汚い人は、机の引き出しもたいてい汚い。

池間　日本人は昔から、子どものしつけや教育を重んじる習慣がありました。一部の武士だけでなく農民にいたるまで、しつけや教育を大切にしてきた。やっぱり、**ちゃんとした親のもとで育った子どもは、スタートが違います**。品格ってありますよね。身につけているものがどうとかじゃなくて、きちっとしている人っていますもの。自分は沖縄出身だから、たまにドキッとすることがあったんです。沖縄って横社会だから、上下関係が多少ゆるい。だから、たとえば大使みたいな地位のある方にも、なれなれしく話してしまう癖がありました。悪気はないんですよ。でも、「こいつ無礼なやつだな」という雰囲気に一瞬なるときがあって、「しまった！」って反省するんです。

清水　でも、先生はフレンドリーなだけで、相手は嫌な気持ちにはならないと思いますよ。茨城のほうも敬語がゆるいそうですね。油断しているとタメ口になるから気をつけている、という茨城出身者がいました。女の子なのに、「おめえよ！」とか言っちゃうらしいです（笑）。

「教育」を大切にしてきた日本人

清水　アジアの人たちと日本人は、同じ黄色人種ですけれども、教育に関してはだいぶ違うんでしょうか？

池間　教育を重視しない国はいまでもいっぱいあります。私の前で子どもに向かって、「学校へ行くくらいなら家畜の草を刈ってこい！」「女の子に教育なんか必要ない！子どもを産んで、家事と畑仕事だけできればいいんだ！」と、大声で怒鳴るお父さんやお母さんもいました。政府は教育を充実させようと努力しているのですが、貧しさや風習、習慣などが壁になっているのでしょう。一方で日本は、**親は貧乏をしてでも、なんとか子どもに教育を与えよう、学校に行かせよう**という人がほとんどですよね。庶民が教育の大切さをよくわかっている。その点は見事だなと思います。

清水　うちの親父は、僕が中学生のときに亡くなったんです。僕は高校まで充分だと思っていたんですけど、お袋が「お前を大学まで行かせたい」と言ってくれましてね。いま考えると、とてもじゃないけどそんな経済的余裕はないはずなんです。僕がお袋の立場だったら、子どもに「大学はあきらめてくれ」って言うかもしれない。

池間　日本人の教育に対する思いは、非常に深いものがありますね。以前、ネパールのあるヒンズー教の村に、学校をつくったんです。でも、向こうには階級差別があって、その集落はいちばん階級の低い人たちが住んでいる村だった。だから子どもたちが来ないんですよ、学校に。勉強なんてやっても無駄だと言って、親が行かせないんです。

そのとき私は、どうやったら子どもたちが学校に来てくれるのか、親が許してくれるのかと考えて、ある仕掛けを思いついた。学校に来たら「お昼ご飯を出す」と言ったんです。貧しい村だったので、家にいたらお昼ご飯なんて食べられないですから。すると、最初はお昼を食べたらみんな帰っちゃうんですけど、そのうちだんだん勉強し始めるんです。「もっと勉強したい」って言い出す子が増える。

清水 スイッチが入るんでしょうね。ひるがえって、いまの日本の子どもたちはどうなんでしょうか。勉強したいと思って学校に行っている子は、そんなにいないかもしれませんね。

池間 でも、それは私だってそうでしたから。算数の時間なんて眠くて眠くて。でも、得意科目の時間になると、がぜん張り切る(笑)。子どもなんてそれが当たり前なんだから、ある程度、強制でやらせないと。教育は、ある段階までは詰め込みでいいんです。その中から少しでも興味を抱いたものを、各人がそれぞれ深く掘り下げていけばいい。

清水 いまは強制が「悪」だと信じられているから、学級崩壊なんかも起こるんでしょうね。

池間 私がアジアの国々の学校をまわっていて驚くのは、教師に対する尊敬の心です。この件に関しては、日本のほうがはるかに劣ると感じます。親や子どもたちが教師を尊敬しない、これは日本の教育の最大の欠点です。**教師は本来、「労働者」じゃなくて**

「聖職者」なんです。大げさでなく、神の仕事だと私は思っている。教師を「労働者」として見るなら、もっと優れた親はたくさんいますよ。教師よりもいい大学を出て、いい会社に勤めて、いい収入を得ている人なんていっぱいいる。でも、教師は聖職者なんだから、労働者の物差しではかってはいけないんですよ。

清水　先生を尊敬する意識を、社会全体で養っていかないといけませんね。これからは学校にもタブレットが普及し、もしかしたら授業も動画でよくなるかもしれない。そうすると、先生の役割っていうのは、ものを教えるよりも、人間性みたいなものを伝えるほうが大きくなってくると思うんです。

池間　たしかに、教員の訓練も必要ですね。教員というのはある意味、お山の大将ですから、大学を卒業してから一年くらい、社会に出してもいいかもしれない。一般企業で勉強して、もう少し世の中のことがわかれば、親たちの気持ちもわかるようになるでしょう。

こんなに違う日本とアジアの「働き方」

清水 アジアの人たちと日本人では、働き方に違いはあるんですか？

池間 丸っきり違いますね。日本人と同じ働き方を、アジアの人たちに求めるとけんかになります。**アジアの人たちが劣っているわけではなく、日本人がすごすぎるんで**すよ。日本人と同じような感覚で一緒に仕事をすると、おたがいイラついてきます。彼らは「のんびりと雑に」が当たり前。「ノー・プロブレム」イコール、「メニー・プロブレム」ですから（笑）。

清水 彼らも、別に悪意を持ってやっているわけではないんですよね。

池間 そうなんです。そういうペースなんですよ。「のんびり、おしゃべりしながらやりたい」っていう考え方なだけです。たしかに暑い国で一生懸命やっていたら倒れてしまうかもしれない（笑）。

清水　なるほど、気候の違いは大きいかもしれませんね。

池間　私も沖縄で生まれ育った人間だから、けっこうゆるいところ、適当なところがあるんです。だから、アジアの人たちの気持ちもよくわかる。それに、日本人の一〇分の一の給料でやってくれているんだから、生産性が一〇分の一でもしかたないのかなとも思ったりします。

清水　アジアの人たちは昔からそういうペースなんですか？

池間　ええ、ずっと変わっていません。戦時中、日本がアジア各地に道路やら飛行場やらをつくったときも、日本人が一〇メートルつくっている間に、現地の人たちは一メートルしかつくっていない。日本人は現地の人がさぼっていると思って、つい叱ってしまう。それで関係がぎくしゃくしたということは、実際にあったようです。ちなみに、日本人がアジアの人たちを強制労働させたなんてことを言う人がよくいますが、それはごく一部にすぎません。私の調査では、ほとんど場合、**日本人が「お願いします」と頭を下げて、賃金もきちんと支払っていました**。

清水　日本人の「もっとよくしよう」という追究心が表れているのが、トイレだと思うんです。外国人が見ると、えらくびっくりするらしいですね。これ以上いるのかっていうくらい、いろんな機能がついている。

池間　「日本のトイレで暮らしたい」と言っていた人、いましたよ（笑）。アジアの田舎に行くと、そもそもトイレがないところも多いんです。男だけで行くときはいいんですけど、女性を連れていると大変ですね。うちの女房も死ぬ思いでやっていますよ（笑）。

清水　うちのカミさんのお父さんは、タイで電機メーカーの社長をしていたんですが、やはり最初は苦労したと言っていました。トイレにトイレットペーパーの予備を置いておくと、あっという間にぜんぶなくなってしまう。みんな持って帰ってしまうからです。だから、社員一人に一個ずつ、トイレットペーパーを配っていたんだとか。

池間　よくわかります。日本をのぞくアジアではそれがふつうですね。

日本は「世界一明るい国」になれる

清水　最近、日本人のお年寄りに対する態度が、ずいぶん変化してきているように思うんです。もともと日本人には、お年寄りをうやまう心があった。ところが最近は、ともするとじゃまな存在、汚い存在として扱われている。こうした一種の差別について、先生はどう思われますか。

池間　お年寄りや障害を持った方、子どもなどの「弱者」をいじめるのは、もちろん間違っていますよ。お年寄りを大事にしない人を見ると、ものすごい怒りを感じますし、弱者に対して思いやりのない人には軽蔑もします。ただ、それらとは別に、「差別」というものについて思うことがあるんです。

私は、アジアの人たちが植民地時代に受けた悲惨な人種差別の話をいっぱい聞いてきました。ですから、それに比べたら日本の差別なんて大したことないと思う部分もあります。**たいていの差別は、自分で乗り越えられるもの**だと思うんですよ。私自身、沖縄出身ということで、これまでいろんな差別にあい、いやな思いをしてきました。でも、私は負けたくなかった。「いまに見ていろ」という気持ちで乗り越えてきたんです。

清水　ご自身が差別を受けてきたからこそ、言える言葉ですね。説得力があります。

池間　ただ、敬老の精神がなくなっているのは、たしかに問題ですね。それもやはり教育の問題だと思います。中学生がおじいちゃん先生を、平気で殴ったりしますからね。体格が違うんだから、おじいちゃん先生は勝てないですよ。ようするに、力だけでモノを言う子が多くなってきた。

清水　それ、岡潔の本にも書いてありました。もともと欧米人には、「力がある人は何をやってもいい」という考え方があって、岡潔はそれを「動物の考え方」だと断じている。本来の日本人には、そんな考え方はまったくなかったんです。ところが戦後、日本が欧米化するにつれ、「力がある人は何をやってもいい」という考え方が広まっていった。ようするに、「動物」のような日本人が増えたと岡潔は言っています。

池間　耳が痛い話ですね。

清水　一方で、池間先生[*69]の新しい本には、「日本人はもっと希望を持とう」と書いてありました。それがすごく印象的で。

池間　そうですね。ただし、**いまのままでは、あと二〇年で日本は終わる**と思っています。米国との同盟関係だって、これからどうなるかわかりません。自分の都合で簡単に裏切るのが彼らの歴史ですから。日本を裏切って、チャイナとくっついたらどうなるか。日米同盟はそんな弱いものではありませんが、「ありえること」として考えておいたほうがいい。

清水　可能性は想定しておくべきですね。

池間　現実に近隣の国々が、こちらに核ミサイルを向けているわけです。変なやつが出てきて、ポンとスイッチを押したらおしまいですよ。ようするに、「自分の国は自分で守る」という意識をとり戻さないとまずいんです。もしとり戻すことができたら、日本は世界一、明るい国になれますよ。

清水　希望が見えてきました。

池間　なぜなら日本には、国家にとってもっとも大事な「人間のインフラ」が整っているからです。**きちんと仕事をする心、まじめな心、他者や公共を思う心、この三つは世界でも最高峰**です。これまで各国をまわってきた経験から、はっきり言えます。しかも、ここではくわしく述べませんが、メタンハイドレートの掘削《くっさく》などで、これから日本は資源国になるんです。ただチャイナも米国も、日本に資源を持たせまいとして、さまざまな工作を仕掛けてくるでしょう。日本が資源を手に入れたら、これほど強い国はありませんから。

清水　それでもなんとか資源開発をし、「自分の国は自分で守る」という心を、自分たちの手で獲得しなくてはいけない。

池間　水をめぐる戦いもすでに始まっています。今後、水は石油と同じくらいの価値になっていくでしょう。幸いなことに、水は日本にいくらでもありますが、警戒が必要です。北海道などにある広大な水源地が、すでにチャイナに買いとられてしまっています。これをただ黙って見ているのは間違いでしょう。日本人はチャイナの土地を買うことはできません。それなのに、なぜチャイニーズは日本の土地や建物を買うことができるのか。私は昔から疑問を持っています。日本がチャイナの属国になるシナリオも、ずっと前から想定しています。中国の経済崩壊が叫ばれていますが、一四億の民を抱える大国がそう簡単に没落するとは思えません。あまり甘く見ないほうがいいでしょう。

清水　先生と接していてよく感じるんですが、沖縄で生まれ育ったからなのか、**根底に明るさがある**ように思うんです。僕みたいに本土で生きてきた人間にはない明るさですね。その明るさが、先生のいちばんの魅力だと思うんです。

池間　ありがとうございます。やはり自然と風土のせいでしょうかね。沖縄のギラギラ照りつける太陽の下では、暗い思いもピカピカに輝きますし、青い海を見ていれば心静かになるものです。ただ残念なデータもありますよ。かつて沖縄は日本一の長寿県だったのですが、どんどんその順位は下がり、現在、中高年の男性の自殺率は全国一です。

清水　そうなんですか。先生の「明るさ」で沖縄を照らしてほしいですね。

＊69　「池間先生の新しい本」　二〇一五年一二月、育鵬社より刊行された、『世界にもし日本がなかったら』のこ

と。ベストセラーとなった『日本はなぜアジアの国々から愛されるのか』の第二弾にあたる。

心の底ではみんな日本が大好きだ

清水　内閣府が行なった、こんな興味深いアンケートがあります。「国民の間に、国を愛する気持ちをもっと育てる必要があるかどうか?」という質問に、なんと七五%の人が「はい」と答えているんです。僕はこの結果を見たとき、正直、意外だなと思いました。むしろ、「いいえ」のほうが多いと思っていたので。

池間　日本人の救いはそこですね。心の底では、多くの人が日本はいい国だと思っている。他のアンケートでも、**「生まれ変わるとしたら、また日本人になりたいですか?」という質問に、九割の人が「はい」と答えているん**ですよ。「あなたのおじいちゃんやひいおじいちゃんは、悪い人だったと思うか?」って聞くと、みんな「ノー」と言いますし。つまり、「日本はいい国だ」と堂々と言えない空気があるだけなんです。その空気は教育によってもたらされたものだから、やはり教育によって払拭《ふっしょく》できると確信しています。

清水　サッカーやラグビーのワールドカップも、いい影響を与えていると思っています。あのときだけは、サポーターも日の丸の旗を振ったり、『君が代』を歌ったりしますよね。「あれ、これの何が悪いの?」って素直に思うんじゃないかと思うんですよ。若い人ほど変なイデオロギーを持っていないので、これから少しずつ変わっていくだろうと期待しています。

池間　愛国心を持っているんですよね、心の底では。だから、**いくら政治や教育が愛国心を奪おうとしても、そう簡単には崩れない**んですよ。大丈夫、いまならまだ間に合います。

清水　岡潔も同じようなことを言っています。「まだ間に合うぞ。ただ、ギリギリだぞ」って。

池間　若い人は本当に素直なんですよ。以前、若い人を集めて、船で台湾に研修へ行ったんですけど、みんな最初は『君が代』なんて興味もない感じだったんです。でも、『君が代』とはなんぞやという歴史とか、一九〇三年、ドイツで開かれた「世界国歌コンクール」で一位を獲得した、世界的に評価の高い国歌なんだぞとか、そういうことを教えていくと、なんだかみんな堂々としてくるんです。最後には、これまで聞いたことのないような大声で『君が代』を歌っていました。

清水　そんなものですよね。日の丸だって、フランスが「デザインがかっこいいから売ってくれ」と言ってきたらしいですからね。いまのお金にして八〇〇〇億円くらいで。

池間　そこで売らなくて本当によかった。悪いけどフランスの国旗なんて、オランダやイタリアと区別つかないですよ(笑)。三本線で色が違うだけで。ところが、**日本の国旗は、どこの国に行ってもたいてい知られている**。世界に二つとない、オリジナルなデザインだからです。「日本の国旗、知ってる?」ってよく尋ねてみるんですが、「あ、太陽だろ?」ってみんな答えますよ。

いまこそ「軍人」を再評価せよ

池間 最近、ミャンマーを調査していてたまたま知ったんですが、旧首都のヤンゴンと、第二の都市、マンダレーの中間くらいに、「たった一人の日本兵」という名前の仏塔があるんです。そのいわれがとても感動的です。

戦時中、英国軍が侵攻してきたとき、このあたりだけは最後まで落ちなかった。あとから調べてみたら、抵抗していたのは、たった一人の日本兵だったそうです。他がぜんぶ英国軍の手に落ちても、仲間がみんな死んでも、たった一人で戦い続けた名もなき日本人がいた。そこで現地の人たちは、彼の功績をたたえて、「守り神さま」としていまも手厚く祀《まつ》っているのだそうです。

清水 軍人さんの素晴らしさを語ると、「軍国主義だ、けしからん」「たくさん人を殺した人を英雄視するのか」となりがちですよね。でも、当時はそういう時代だったんだっていうことを、よく知ったほうがいいと思う。**現在の価値観で判断しようとすると、本当に間違えますよね。**

池間　その通りです。

清水　僕は、彼らの「公」の精神に惹《ひ》かれますね。最近よく考えるんですが、もし生きるか死ぬかの場面に直面したとして、自分は「公」のために死ねるだろうかと。いまの自分の精神レベルだったら逃げるか、隠れるか、風邪をひいたふりをするか、死んだふりをするだろうなって思うんです。ところが当時の軍人は、歯を食いしばって「公」のためにやり抜いた。「軍国主義だ」と言って批判する人たちは、もう少しそのあたりを見てほしいなと思います。

池間　いまの人たちは、[*70]乃木希典《のぎまれすけ》が何をした人なのか知らないですよ。[*71]東郷平八郎《とうごうへいはちろう》のことも知らない。ひと言でいえば、彼らは命をかけて日本を守った人たちです。**その犠牲のうえに、私たちの生活が成り立っていること**を、ぜひ知ってもらいたいですね。いまの自衛隊だって、命をかけて国を守っているんですよ。私の友人の潜水艦乗りは、出航するたびに遺書を書いているそうです。「公」のために死ぬ覚悟ができているんですね。

清水　先日、ある本を読んでいたら、「大我《たいが》」と「小我《しょうが》」という言葉が出てきました。きっと昔の人には、「大我」があったんだと思うんですよ。一方、残念ながら僕なんかは、完全に「小我」ですね（笑）。自分が美味いものを食いたいとか、自分がカネを儲けたいとか、「自分が、自分が」ばっかりで。でも、長い歴史を考えると、**もう一度、「大我」をみんなで真剣に考える必要がある**と思うんです。

池間　本当にそうです。

清水　それを感じたのが、かわぐちかいじ[*72]さんの『ジパング』っていう漫画なんです。現代の自衛隊のイージス艦がタイムスリップして、一九四二年、ミッドウェー海戦のまっただ中にタイムスリップする。すると、性能は素晴らしいから、魚雷からもスイスイ逃げ切っちゃう。でも、そこで報復しようとなったとき、ミサイルを相手の手前で自爆させちゃうんです。自衛隊は威嚇《いかく》射撃しかできませんから。当時の人たちからしてみれば、いったいなんなんだこいつらは、ってなるんですね（笑）。

絶体絶命に追い込まれた帝国海軍少佐を、自衛隊が助けるシーンがあるんですが、ここも面白い。二〇代の若い少佐と、自衛隊員が会話をするんですが、まったく話がかみ合わないんです。同じ日本人で、同じ船乗りなのに、まったく違う人種といっていいほどのギャップがある。もっとも大きな違いは、少佐は「大我」に生きているということです。いまの日本人にはない精神性が彼の中にはあった。われわれもなんとかそれをとり戻したいところですが、長い間「小我」に浸ってきてしまいましたから、なかなか難しいですね。

＊70　乃木希典（一八四九‐一九一二）　陸軍大将、武士、教育者。一九〇四年、日露戦争において旅順攻囲戦を指揮し、ロシア軍を陥落させた。明治天皇崩御にともない、妻とともに大喪の当日、自邸にて殉死を遂げた。

＊71　東郷平八郎（一八四八‐一九三四）　軍人、薩摩藩士。階級は元帥海軍大将。一九〇五年、連合艦隊司令長官として、日露戦争における日本海海戦を指揮。ロシアのバルチック艦隊を破った名将として知られている。

＊72　かわぐちかいじ（一九四八‐）　漫画家。広島県出身。明治大学卒。代表作に『沈黙の艦隊』『ジパング』『アクター』（講談社）、『太陽の黙示録』（小学館）などがある。

これからの人生は「大我」に生きよ

池間　お金持ちになりたいとか、出世したいとか、そういう欲はあって当たり前だと思うんです。まったく欲がないというのはウソですから。**大事なのは、その欲にとらわれないこと**ですよ。とらわれすぎると、人生、失敗します。「成功者」と呼ばれている人は、私のまわりにもたくさんいらっしゃいますが、お金持ちになりたくてなった人はゼロですよ。自分のやるべきことに徹してきた人が、結果的にお金持ちになっている。

清水　自分なんか、本当にずっと洗脳されてきた人間だと思うので、池間先生のお話をうかがっていると、これからの人生は「大我」に生きなければと思うんです。

池間　でも、いま言ったように、私にだって欲はあるんですよ。私は毎年、一億円近くの募金や会費を集めています。会員の九五%は私の関係者です。だからこそ、毎日のように思うことがあるんです。一億円も集めるのだから、一〇〇万円くらい給料をもらってもいいんじゃないかって。これが本当の自分です。でも、そこで本当に給料をもらったら、無償の愛を届けてくれる会員のみなさんや、まったく見返りを求めず、ずっと応援してくださっている方々に顔向けができない。ですから、**「この活動においては理念だけで生きる」**と決めたんです。

したがって、給料はありません。ゼロです。もし給料を一万円でも二万円でもいただいてしまうと、欲望は際限なく大きくなり、一〇万円、二〇万円、一〇〇万円となっていくのは間違いありません。このような活動をしていると、高潔な人格者だと思われがちですが、まったくそんなことはない。毎日が欲との戦いです。

清水　そう言えてしまうのが、池間先生の「凄み」ですね。でも、昔の軍人さんだって、きっと同じだったと思います。だって、死にたくないですよ。逃げたいですよ。でも、そこは突っ張って、意地でもやる。そこが僕らとの決定的な違いだという気がしてなりません。

池間　「合理的」という思想が、害悪を及ぼしているような気がしますね。ある程度、年齢を重ねるとわかってくるんですよ。無駄は無駄じゃない、って。**何かをなしとげるには、必ず無駄が必要**なんです。ところが最近は、一足飛びに成功しようとする人が多いように感じます。ボランティアでも、お金を集める苦労とか、現地でだまされる経験とか、それを経ていまがあるのに、そういう部分はスルーする。ようするに、いいとこどりです。すごく変わりましたね。こつこつ積み上げていくという感覚が、薄くなっている気がします。

清水　[*73]小林秀雄《こばやしひでお》が言っていたんですが、いまはみんな「科学教」の信者になってしまっていると。科学というのは数字に表せることを指すと思うんですが、よく考えてみるとこの世界、この宇宙のうち、数字で表すことができるのはわずか一%もないんですよ。でも、多くの人は、その一%がこの世界のすべてだと信じてしまっている。そして、残りの九九%には「非科学的」というレッテルを貼るわけです。でも、戦前の日本、つまり**米国に洗脳されていない本来の日本人は、数字で表せない九九%を大切にしてきた**んです。たとえば、出かける前に火打ち石を打って「切り火」をする。不幸や不運があったら、家の前に塩をまいたり、「盛り塩」をしたりする。

池間　たしかに「科学的」ではないかもしれないけれど、意味はあると思います。そうやって心がまえができたんだろうね。けじめをつけていた。それが日本人の強さの原点かもしれない。

清水　たとえば新嘗祭《にいなめさい》には、「大地という神さまからいただいた収穫を祝う」という意味があった。ところが戦後、それを「勤労感謝の日」に変えてしまいましたよね。そういうところからもとに戻したほうがいいと思います。

＊73　小林秀雄（一九〇二‐一九八三）　文芸評論家、作家。近代日本の文芸評論を確立した人物であり、保守文化人の代表としても知られた。著書に『考えるヒント』（文藝春秋）、『モオツァルト・無常という事』（新潮社）などがある。

命があることのありがたみを知る

池間　私は前の女房を白血病で亡くし、五〇歳をすぎて長男を急性心不全、いわゆる「ぽっくり病」で失いました。その悲しみや苦しみは、言葉や文字で言い表すことはできません。どうしようもない悲しみで、自分自身が死んでしまうのではないかと思うほど苦しみました。それでも、「死んではいかん。落ち込んではいかん」と毎日、自分に言い聞かせ、必死に生きてきたんです。

そして苦しみを乗り越え、もう大丈夫と思った瞬間、私には悩みがなくなってしまった。**生きていることがどんなにすごいことか、それがわかるようになったんです。**この活動をしていれば、毎日がトラブルの連続です。壁にもぶつかるし、矢だって飛んでくる。でもね、そんなの大したことないんですよ。せいぜい「マイナス一点」くらい。命があるだけで「九九点」なんです。ふつうに日本で暮らしていると、それがわからなくなりますよね。だからこそ、意識して生きていかないといけない。

清水　支援活動でも、先生は人の生き死にをいっぱい見てきましたよね。

池間　ＨＩＶで瀕死の状態で預かった女の子とか、ハンセン病で徹底的にいじめられてきた人とか、いろんな人を見てきました。多くの人は、こんなに苦しく、つらい思いをするなら、死んだほうがましだと思っていたそうです。でも、**いざ助かると、「生きていてよかった」とみんな言います**。そんな人たちを見ていると、とにかく生きていることがいちばん大事だと痛感します。

清水　日本はこれから、いままでの矛盾がどっと吹き出す時代になると思うんです。一昨年くらいから人口が減っていて、二一〇〇年には四〇〇〇万人を切るという試算も出ている。環境が激変するまっただ中にいるのは明らかですよね。その中で壁にぶつかったり、困難にさらされたりすることも多くなると思うんですが、先生のその心がまえがあれば、なんでも乗り越えられるような気がします。

池間　あとは、清水店長の前だから言うわけではないのですが、やっぱり読書ですよ。私は、壁にぶつかったときは、本を乱読することにしています。歴史の本も読めば、経済の本も読む。悩みがずっと頭の片隅にありながらも、とにかく目で字を追っていく。すると、そのうち視野が広がったような感じがして、「あれ、そんなに大したことじゃなかったな」って思えてくるんです。

清水　わかります。そういうときって、言葉が光って見える感じがしますよね。「これだ！」って。僕も何かの壁にぶつかったときは、**抱えている悩みとはまったく関係のない本を読む**ことにしています。

池間　歴史本や偉人伝もいいけど、私は国際事情に関する本を読むことが多いですね。いまだったら、なぜシリアから難民が出てきたのかとか、ＥＵがどうなっているのかとか、南シナ海になぜチャイナが進出してきたのかとか。そうした本を読んでいると、自分が抱えているトラブルなんて小さいものだと思えてくる。

清水　最近はよく、みんなに「若いうちに悩んだほうがいい」と言っています。なるべく若いうちに壁にぶつかっておきなさい、と。先日、ある図書館から講演で呼んでもらったんですが、僕がしゃべる前、偉い方が「読書離れと言われて久しいけれども、その原因はインターネットや、携帯電話や、テレビゲームにある」とおっしゃっていたんです。でも、僕はそうじゃないと思った。**「なぜ？」とか「どうしてだろう？」とか、そういう「問い」をみんな持たなくなったから、読書離れが起きていると**思うんです。インターネットや、携帯電話や、テレビゲームでは、「なぜ？」は生まれないですよね。

池間　そうですね。「読書離れ」の問題も、日本人が汚れや穢れを見なくなったことが大きな原因だと思います。これは若い人だけじゃなくて、日本人全体の問題ですよ。見たくないものから目をそむける。知らんぷりしてれば楽しくやっていけるんだから、それでいいじゃないかって。でも、どんなに見たくなくても、壁にぶち当たったらちゃんと立ち止まって、問題の根っこを見つめることが大事です。それをサポートしてくれるのが読書だと思います。どんな本だっていいんですよ。本屋さんに行って、自分の好きなジャンルだけじゃなくて、いろいろ見てまわってみる。その中から、「あれ？」っていう本が出てきますから。その偶然の出会いがすごく大切なんです。

清水　それ、漫画家の小林よしのりさん[*74]も同じことを言っていました。

池間　私は大事なところに赤線を引いたり、ふせんをべたべた貼ったりするのが、いまでも楽しいんです。「これだけ勉強したぞ！」って目に見えるし、いつまでも自分の中に残りますよね。

清水　本を汚す楽しみっていいものですよね。

池間　以前、赤線引きながらずっと使っていた英和辞典をなくしたんですよ。あのショックは大きかったなぁ。新しい辞書を買っても、もう勉強する気力がなかった。**本のいちばんの魅力は、それじたいに愛着が生まれること**だと思います。情報だけならインターネットでもいいけど、「匂い」がないから愛着が生まれないんですよ。パソコンのモニターを愛する人、いないでしょ(笑)。本は「これだけは捨てられない」とか、自分にとっての大事な一冊が生まれてくる。そういうのがあると、読書が楽しくなってくるんですけどね。

＊74　小林よしのり（一九五三 - ）　漫画家。福岡大学在学中にデビュー。『東大一直線』『おぼっちゃまくん』などヒット作を発表する。一九九二年、社会問題に斬り込む『ゴーマニズム宣言』（現在は『ＳＡＰＩＯ』にて連載中）をスタート。

孤独な「消費者」から情深い「生産者」へ

清水　井上ひさし[*75]が学生時代、本屋で五〇〇円の辞書を万引きしたらしいんです。店主がおばあちゃんだから、どうせ見つからないだろうと思って。でも、逃げようとしたら捕まってしまった。そうしたら、おばあちゃん、「警察に突き出してもいいけど、親や学校に知られたくないでしょう。じゃあ、代わりに罰として、風呂の薪割りをしなさい」と言ったんですって。井上ひさしは「わかりました」と言って、一生懸命、薪割りをやった。そうしたら、おばあちゃんが「おつかれさま、お駄賃ね」って言って、七〇〇円くれたそうなんです。

池間　粋だねえ。

清水　そのお金で井上ひさしは辞書を買うことができて、しかも二〇〇円、手元に残った。それが洒落であり、大人の余裕ですよね。そういうことができる大人が、かっては確かにいたんです。いまは「良い」か「悪い」しかなくなってしまって、万引きなんか見つけたらすぐ突き出しちゃうでしょう。

池間　米国的になっていますよね。なんでもかんでも訴訟を起こすみたいな。それは日本人とは相容れない文化ですよ。すごくギスギスした世の中になってきている。

清水　そのおばあちゃんの対応っていうのは、言葉にすれば「情」ですよね。**「情」は、「公」の意識がないと生まれてこない**と思うんです。そのころの日本には、みんなで日本を豊かにしていこうという、「公」の意識があった。だから、井上ひさしが五〇〇円の辞書を万引きしても、七〇〇円のお駄賃をあげて「これはいけないことだよ」「ちゃんと働いてモノは買うんだよ」っていうことを教えたわけですよね。ところがいまは、「みんなで日本を豊かにしていこう」という発想がない。自分だけ豊かになればいいと思っている。だから、「情」も生まれないし、洒落も通じない。

池間　「情」の世界は、かろうじて東京の下町に残っていますね。お祭りなんかを見ていると、みんなで地域をよくしていこうという思いを感じる。日本の素晴らしさはまだ残っているんですよ。

清水　先ほど紹介した福田恆存の言葉、「**人間は生産を通じてでなければ付き合えない。消費は人を孤独におとしいれる**」に通じますね。最近、この一行がすごく響いていて。たとえば戦時中にしても、いい悪いは別にして、生産性があったわけですよね。子どもや女性まで一致団結して、みんなで一つの目的に邁進《まいしん》していた。そこから「情」とか「助け合い」といった精神が生まれた。戦後は高度経済成長で、みんなで日本を豊かにしようよと言って、「生産」に励んだ。昭和の時代は活気があったってよく言いますけど、その原因はなんだろうと考えたときに、みんなで「生産」をしていたからじゃないかなと思うんです。

ところがいまは、みんな「消費者」になってしまって、どんどん孤独になっている。大の大人がスマホのゲームに夢中になっている姿なんかは、その象徴ですよね。与えられたものを、ただ消費しているだけ。この言葉を読んだとき、まさにいまの日本を表しているなと思った。この本をきっかけに、みんなで歴史を勉強していい日本にしていこう、そしてみんなで凛とした日本人になろう、そんな生産性が生まれたらいいなと思っています。

池間　「みんなでつくり上げていく」思想をみんなが持つためには、やはりまず、みんなが日本のことを知ることだと思います。ごう慢になりなさいという意味では決してありませんよ。ただ世界的に見ても、日本の文化はすごいものがあるんだから、もっとそこに目を向けていくことで、みんなで日本をよりよくしていこうという活気が生まれてくるはずなんです。それが根本にないといけないと思います。

清水　小林秀雄はこんなことも言っています。歴史のことを、昔は「鏡」と言っていたと。これだと思いました。**歴史を知ることは、「鏡」に自分を映すこと、つまり自分自身を知ること**だと思うんです。

＊75　井上ひさし（一九三四 - 二〇一〇）　小説家、劇作家。上智大学卒。一九七二年、『手鎖心中』（文藝春秋）で直木賞受賞。その後、『吉里吉里人』（新潮社）で読売文学賞、日本ＳＦ大賞を受賞。戯曲、エッセイなどでも幅広く活躍した。

5章

凛とした日本人になれ

「議論」ではなく「公論」をせよ

池間　日本には、「空気を読む」という言葉がありますよね。これってすごいことなんですよ。外国人が聞いたら、「お前は宇宙人か？」って言われます(笑)。ところが最近、空気を読めない子が増えてきたように感じるんです。学生と話していて、それをすごく感じる。

清水　私もそう思いますね。お店に立っているとよくわかります。

池間　言い方を変えれば、**他人に対して興味を持つ心が失われてきた**んじゃないかと思うんです。たとえば何人かで集まっていて、もしあまりしゃべっていない人がいたとしたら、私なら「この人にどうやって話をさせよう？」と懸命になりますよ。いったいどんなことに興味があるんだろう、どんなことを聞いたら喜んでくれるだろうって。でもいまの子は、自分のことばかりペラペラしゃべって、満足したら黙っちゃう。

まわりの人は、たまったものじゃありません。

清水　自分の知識をひけらかしたいだけですね。

池間　もし、私の塾生だったら怒鳴りつけます。「お前のことなんて誰も知りたくないよ」「どうして話を聞いてもらったのに、お前は相手の話を聞いてあげないんだ」って。これ、人間関係においてきわめて大切なことなんですよ。**相手に関心を示さない人が、何をやっても伸びるわけない。**

清水　たぶん、「議論」と「公論」の違いがあると思うんです。最近の『朝まで生テレビ！』[*76]なんかを見ていると、みんな自分の主張がいかに正しいかを叫んでいるだけ。「真理」はたった一つですが、「正しさ」なんて本当はいくつもあるのに。これではただの「議論」です。

池間　大切なのは、やはり「公論」ですね。

清水　はい。**本来の日本人は、「公論」が得意な民族だった**と思うんです。最終的に創造性のある結論に達するのが、「公論」です。エゴを引っ込めなきゃならないものなんですよ。

出版業界も、みんな「議論」はするんですよ。ところが、「公論」をしないんです。出版社だったら、営業、編集がそれぞれの立場から、自分たちがいかに正しいかを叫んでいるだけ。なんのためにこれをやるのかとか、どうすればもっと読者に喜んでもらえるかとか、建設的な「公論」ができていない。たった一冊の本で、人生が変わっちゃう人だっているんですよ。僕はそんな人を、目の前で何人も見てきた。それだけ大切な仕事なんだから、もっと使命感を持ってとり組んでいただきたいですね。

池間 でも、いま出版業界って大変でしょ。聞くところによると、三〇〇〇部売るのがやっとだとか。

清水 ええ。でもそれは、出版社も、取次も、そして書店も、みんなバラバラなのが原因です。先ほどの福田恆存の言葉、「人間は生産を通じてでなければ付き合えない。消費は人を孤独におとしいれる」にもつながってくるんですけど、みんなで一緒にやればいいのにって思います。

池間 読者にも問題があって、みんなベストセラー本ばかり読んでいますよね。あれはどうしてなんだろう？　**私は世間で流行っている本はまず読みません**ね。流行が過ぎて落ち着いたころ、読むことはあるのですが。

清水　奇遇ですね。うちの店では、世間で流行っている本は絶対売らないって決めています（笑）。

池間　私はよく、『女性自身』みたいな女性週刊誌を読むんですよ。女性の世界は未知の世界ですからね。けっこう面白いですよ。ダイエットと不倫の記事ばかりだけど（笑）。男性向けの週刊誌も面白いけど、悪口ばかりで疲れますね。ですから目次を見て、気になるできごとだけを読むようにしています。

清水　たしかに悪口ばかりですね。先ほどの小林秀雄は、「批評家」という肩書きになっていますが、彼は相手のいいところをいっぱい見つけて、どうほめるかが批評家だと言っています。ところが、ほとんどのやつは「批判家」になっている。

＊76 『朝まで生テレビ！』ジャーナリスト、田原総一朗が司会をつとめる人気討論番組。一九八七年のスタート以来、およそ月に一度、テレビ朝日系列で放送されている。

昔の日本人はこんなに「真剣」だった

清水　先日、*77吉田松陰《よしだしょういん》に関する本を読んでいたら、めちゃくちゃしびれるシーンがあったんです。彼は最後、安政の大獄で処刑されたのですが、斬首されようとしたその瞬間「ちょっと待ってくれ」と言って止めたんだそうです。処刑人がなぜかと聞くと、「日本のために死ぬことができると思ったら、ものすごい喜びがあふれてきた、この喜びをもう少しだけ味わわせてくれ」と言ったそうです。

池間　それはすごい。

清水　吉田松陰がいまもなお名を残しているのは、つまりはこの一点にあるのではないかと思うんです。**自分自身と「公」とが一体になった感覚**とでも言いますか。僕だったら、きっと「怖い」とか「悔しい」としか思わないですよ。もっとたくさん本を読んで、吉田松陰の境地にまで近づいてみたいですね。正直、まったく自信はありませんが（笑）。

池間　*78犬養毅《いぬかいつよし》もしびれますよ。五・一五事件で若い将校たちが犬養を撃とうとしたとき、「話せばわかる」と言って諭《さと》したのは有名な話ですが、まだ続きがあるんです。結局、撃たれてしまった彼は、介抱しようとした女中にこんな最期の言葉を残しました。「あの若者を連れ戻してきなさい、もう一回、話をしよう」。そう言いながら死んでいった。

清水　まさに、武士道ですね。

池間　もっと単純に言えば、「真剣さ」だと思うんですよ。**日々を真剣に生きて、実践・行動すること**。私なりの解釈ですが、それが「武士道」だと思います。こう言うと簡単そうですが、なかなかできませんね。

清水　できないですね。できないですけど、憧れますね。

池間　台湾に「清水断崖」っていう、三〇〇メートルくらいの絶壁があるんですよ。住民はすぐ近くに行くにも、絶壁をよけて遠回りをしなくてはいけなかった。そこに清水さんという日本人が、ノミとハンマーでこつこつ道をつくったんです。もしかしたら、清水店長の親戚かもしれないね(笑)。でも、あと少しで完成するというときに、断崖から落ちて死んでしまった。それで現地の人たちは彼の偉業をたたえて、その断崖を「清水断崖」と名づけたんです。こういう人が昔はいっぱいいたんですよ。

清水　彼らは富や名声なんて求めていなかったんでしょうね。

池間　もちろんそうだと思います。パラオのアンガウル島というところに、マリオという知り合いが住んでいましてね。彼はアンガウル島で戦った、日本兵の慰霊塔を守っているんです。聞くと、戦時中、米軍がアンガウル島を攻めてきた。そのときの日本兵はおよそ約一二五〇名、対して米兵はおよそ二万一〇〇〇名だったそうです。しかも、米軍は最新鋭の武器を持っている。勝てっこないんです。

でも、そのとき日本軍の小隊長が、逃げ遅れた島民のために白旗を上げて「民間人は助けてくれ」と米軍に交渉した。そして、民間人を逃がしたことを確認してから、「自分たちは日本人だから降伏はできない」と言って、最後まで戦って死んだそうです。その民間人の中に、マリオの両親もいました。マリオはその両親から慰霊塔を引き継いで、いまも大切に守っているんです。マリオへの感謝と同時に、日本人であることの誇りを感じましたね。

清水　こうした歴史の積み重ねの上に、僕らは生きているんですよね。僕らの世代が汚すわけにはいかない。

池間　そうですね。こうした話をいっぱい知っていくと、中途半端に生きているのはすごく無礼なことだと思うようになります。**ただ「知る」だけでも、生き方は変わっていくんですよ。**

清水　僕もできれば、二〇代くらいで知っておきたかったと思います。その意味では、この本を読んでいる二〇代の子はチャンスだと思いますよ。ふつうの人より一歩も二歩も早く気づけたんだから。

＊77　吉田松陰（一八三〇 - 一八五九）　幕末期の武士、思想家、教育者。明治維新の精神的指導者。一八五七年、松下村塾を開き、高杉晋作、久坂玄瑞、伊藤博文、山県有朋ら、多くの門人を育てた。安政の大獄により、三〇歳で刑死。

＊78　犬養毅（一八五五 - 一九三二）　政治家。一八九〇年、第一回衆議院議員選挙以降、連続当選。大正デモクラシー運動では先頭に立って活躍した。一九三一年、第二九代内閣総理大臣に就任するも、翌年、五・一五事件で暗殺された。

「日本がいちばんだ」と胸を張れ

池間　あらゆる点で、日本人って特殊だなと思うんです。だからこそ、日本人は自分たちが特殊であることを理解する必要がある。たとえば、日本人の中には「地球市民」という言葉を使う人がいます。「国境なんてない」「人類は一つだ」とかね。あんな言葉、使うのやめたほうがいいですよ。他国の人が聞いたら、完全に馬鹿にされます。**自国の歴史を語れて、神話も知っていて、誇りも持っている人間でなければ、世界では相手にされません。**「ジャップ」と言われようが、「イエローモンキー」と言われようが、「それでも日本人がいちばんだ」と堂々としている人が尊敬されますから。

清水　腰が引けていてはいけない。

池間　私は沖縄で暮らしていたときも、支援活動を始めて海外に出るようになってからも、この人生ずっと「ジャップ」という言葉を浴びせられてきました。それでも、負けたことは一度もないですよ。「日本がいちばんだ」って、ずっと言ってきました。

清水　そのとき自分を守ってくれるのは、やはり誇りでしょうか。

池間　そうですね。あとは、なんべんも言いますが、歴史を知ることですよ。歴史を知らないから、米国人と議論してもチャイニーズと議論してもすぐやられてしまう。だから本を読んで、勉強しなくちゃいけないですね。たとえば韓国人と議論すると、たいてい彼らは日帝時代のことを持ち出してくる。われわれは日本に侵略され、植民地にされて、たくさんいじめられたって。歴史の知識がないと、それだけでやられちゃう。でも、私は言い返しますよ。「併合してくれって言ってきたのはそっちじゃないか」「公式文書にも残っているぞ」って。最近は、「お前たちは朝鮮戦争で韓国人が苦しんでいるときに、金儲けして豊かになったんだ」って一〇〇%言ってきます。それだって歴史を知っていれば反論できることです。彼らは日本人と議論するとき、自分が上に立つためにはどうすればいいか、ポイントをよく知っています。勉強して、きちんと言い返さないといけませんね。

清水　けんかになったりはしませんか?

池間　歴史問題は手が出てきますよ。でも、それでもやり合わなくちゃいけない。**もし殴られたら、ちゃんと殴り返すこと。**男の場合はね。そうすれば、「こいつはちょっと違うな」っておとなしくなるから。多くの日本人は殴られっぱなしでいるから、もっと殴られるし、もっと馬鹿にされるんです。それから、こん棒を持って行くことだね。

清水　こん棒（笑）。

池間　身を守る武器は準備しておいたほうがいい。まあ、清水店長は柔道をやっていたから、武器を持たずともあっという間に投げ飛ばしちゃうだろうけど（笑）。

清水　いえ、いまはもう無理です（笑）。

池間　おとなしくしていると、とことんやられますよ。何か言われたら、一〇〇倍言い返すこと。日本人の価値観だと、「そんなのとんでもない！」って思うかもしれませんが、それが世界標準なんです。くり返しますが、**日本という国は「特殊」だということを忘れないように。**

清水　[*79]鈴木大拙《すずきだいせつ》とか、[*80]岡倉天心《おかくらてんしん》とか、[*81]桜沢如一《さくらざわゆきかず》とか、[*82]内村鑑三《うちむらかんぞう》とか、戦前に日本精神を海外に伝えていた人たちがいます。日本というのはこんなにすごい国なんだ、だから無駄なことはやめなさいと海外に訴えていた。海外へ講演にも出向いていたみたいですね。同じことを、いまの日本人もやったほうがいいと思うんです。

池間 そういう気概を持たないとね。英語がわからないなら、日本語で話せばいいんですよ。白人に対して、コンプレックスなんか持つことはない。

＊79 鈴木大拙（一八七〇－一九六六） 仏教学者。日本の禅文化を海外に広くしらしめた。『日本的霊性』『禅と日本文化』（岩波書店など）をはじめ、多数の著作がある。

＊80 岡倉天心（一八六三－一九一三） 明治時代に活躍した美術運動の指導者、および文明思想家。日本文化、東洋文化の優秀性を、国内外に訴えた。主著に『東洋の理想』『日本の覚醒』『茶の本』（講談社など）がある。

＊81 桜沢如一（一八九三－一九六六） 思想家、食文化研究家。一九五七年、日本CI協会を設立。マクロビオティックの提唱者として、海外でもその名を知られている。

＊82 内村鑑三（一八六一－一九三〇） キリスト教思想家、文学者。福音主義信仰と時事社会批判にもとづく、いわゆる「無教会主義」を唱え、その伝道に生涯を捧げた。代表作に『代表的日本人』（岩波書店）などがある。

東京の人はなぜ声を上げないのか

清水　先日テレビを見ていたら、ある女優さんがロシアに実効支配されている北方四島を訪れて、住民たちにインタビューしていたんです。「歴史的には、ここは日本の領土なんですけど、それについてどう思いますか？」って。するとみんな怒り出すんですよ。一般の人だから歴史を知らないのかなと思って見ていたら、歴史研究家と名乗る女性も、「そんなのは資料にない」って言うんです。びっくりしましたね。

池間　**徹底的に握り潰しているん**でしょうね。東京の人々もよく考えないといけないと思いますよ。沖縄は少なくとも、「米軍出て行け」っていう反対運動をしているじゃないですか。それが必ずしも正しいとは言わないですよ。でも、賛成派半分、反対派半分で、バランスがとれている。でも、東京の人はなんにも言わないんだよね。自分には関係ないと思っているんでしょう。

本当は東京だって、空はいまだに米国のものなんですよ。実際、たとえば羽田から新潟まで飛行機で行く場合、「横田ラプコン（空域）」と呼ばれる〝米国さま〟の上空を避けなければならないので、めちゃくちゃ遠回りをするか、急上昇する危険なフライトをしなくてはいけない。**どうして東京の人は、「おれたちの空を返せ」と言わないのか。**

清水　東京の空が米国に支配されているということじたい、知らない人が多いのかもしれません。

池間　沖縄の反対運動に対して文句を言っている右寄りの人も多いけれど、沖縄なんて日本全土の面積の一％にも満たないんですよ。こんな小さな島に、なぜ二三％もの米軍基地があるのか？　もともと岐阜、山梨などにあったものを、どうしてわざわざ沖縄に持ってきたのか？　米軍の中でもとくに気の荒い連中が集まる海兵隊の基地だけ、どうして沖縄に集めたのか？　誰も説明できませんよ。

清水　東京で生まれ育った私から見ても、東京の人はちょっとずるいなと思います。東日本大震災のときも、同じような構図がありましたよね。福島でつくられている電気は、ほとんど東京が使っていた。じゃあ、原発をお台場あたりに建てようとなったら、みんな大反対するでしょう。

池間　基地が沖縄にあるのは地政学的な理由で、台湾や東シナ海を押さえるためだと言う人もいますが、私には信じられません。なぜなら、地政学的に見てもっとも適しているのは九州北部だからです。九州北部なら、北朝鮮も北京もすぐ近くですから。それでもなお沖縄に米軍基地を置くのであれば、迷惑料とも言える振興予算をいまの倍くらい払ってもいいのではと思います。その予算を土木工事などに使うのではなく、医療費を無料にする、学費を無料にするといった使い方をするなら、納得する県民も多いでしょう。

清水　本土の人も考えないといけないですね。でも、見て見ないふりをする。

池間　**国防は日本全体の問題なのだから、本当は日本国民全員で考えるべき**なんです。でも、みんな薄々わかってきているでしょう。現実にチャイナが尖閣《せんかく》に来ているんだから。小笠原諸島でサンゴをぶっ壊したりとか、あれがふつうの漁船だと思っている人、いるのかな。急に何百隻もやって来てパッといなくなる。あれは漁民に化けた民兵のようなもので、日本侵略のテストだって考えるのが普通じゃないですか。私たちはチャイナのやっていることや怖さを、もっとよく知るべきです。

チャイナについては、あの国の「異常さ」をまず理解しないといけない。最近、一人っ子政策をやめたと報道されていますが、実はやめたんじゃなくて、「二人っ子政策」に変わっただけなんです。子どもをたくさん産んでいないか監視する職員が、中国には五〇万人くらいいるんですよ。もし一人っ子政策をやめたら、彼らはたちまち失職します。そんなこと、できるわけがない。

清水 知りませんでした。

池間 彼らは妊娠しているお母さんを見つけたら、必ずあとをつけていく。もし家に二人の子どもがいたら、子どもが三人になるでしょ。そうしたら、家中ぜんぶぶっ壊して、お母さんを連行して、無理やり堕胎させるんです。私は、彼らとけんかしろって言っているわけじゃない。**チャイナの怖さをもっとよく知るべきだ**と言いたいんです。

「平和」よりも大切なものがある

池間　日本人の中には、「武器を持たなければ戦争は起こらない」とおっしゃる人もいますが、ありえませんよ。「警察がなければ犯罪は起きない」と言っているのと一緒です。現実問題として、チャイナが尖閣に入ってきている。ロシアは北方領土を返そうとしない。韓国は竹島を自分たちのものだと言い張っている。正式な国際法にもとづいた日本領土だとわかっていながら、こうした理不尽な攻撃をしてきているわけです。

清水　明らかに日本は狙われている。

池間　ニュージーランドにはこんな歴史があります。もともとこの国には、マオリ族という先住民族が住んでいました。ところが一八世紀ごろから英国の侵略が始まり、隣国オーストラリアとタスマニアのアボリジニ[*83]は、なすすべもなく皆殺しにされてしまった。ところが、マオリ族は戦闘民族なので、英国の侵略と戦い続けたんです。結果、いまもニュージーランド人のおよそ一五パーセントは、マオリ族が占めています。しかも、白人から一目置かれている。みなさんはマオリ族とアボリジニ、どちらがいいですか？　もちろん平和は大事だけど、**子孫が生き残るほうがもっと大事**だと私は思います。

清水　日本人はマオリ族に見習うべきところが多いですね。

池間　また、ニュージーランドにはモリオリ族という先住民族もいました。彼らはマオリ族とは逆で、「戦いはよくありません」「何ごとも話し合って決めましょう」という平和主義の人たちでした。たしかに、素晴らしい理念だと思います。しかし現実はどうだったか？　一八三五年のある日、マオリ族の襲撃にあい、女性、子どもをふくめ皆殺しにされたうえ、その多くが食べられてしまったそうです。おかげでモリオリ族は一時、絶滅寸前まで追い込まれてしまった。最近になってようやく、二、三〇〇人まで戻ってきたそうですが。

清水　日本人とモリオリ族が重なりますね。最近、うちの店では、[*84]墨子《ぼくし》の本をすすめています。墨子というのは中国の戦国時代を生きた思想家で、「自分たちからは絶対に他国を攻めない」、ただし「もし攻めてきたら、ただじゃおかないぞ」という思想なんです。だから、軍事訓練もしっかりやっている。

池間　いまで言うスイスですね。「永世中立国」と謳《うた》いながら、国防はきわめて充実している。

清水　その後、秦《しん》の始皇帝が中国を統一してから、墨子の思想は危険思想とされてしまいました。以後、二〇〇〇年以上もの間、墨子の書物は「封印」されていたんです。ところが、ヨーロッパの植民地政策が始まったころ、当時の人が「いまこそ墨子を読め」と唱えたんです。国の危機が迫ったことで、二〇〇〇年ぶりに墨子が復活した。日本もいま、同じような状況ではないでしょうか。墨子の思想は、いまこそ知っておくべきだと思います。

池間　**戦う意志を持った民族でないと生き残れない**というのは、すでに歴史が証明しているんです。カルタゴ[*85]だって、あっという間に潰されてしまったじゃないですか。こうした史実を知るべきだと思います。

あと左翼の人たちは、よくコスタリカの話を持ち出しますよね。コスタリカは、軍隊がなくても平和に暮らしているじゃないかって。当たり前ですよ。あんな小さな国、誰も欲しいとは思いません。それに比べて日本は、金は稼ぐし、勤勉だし、属国にするには最高の国です（笑）。

清水　仏教はインドで生まれ、アジア各地に派生していったわけですが、仏教が伝わった国で植民地にされていないのは、タイをのぞくと日本だけです。仏教は慈悲を根本にした教えなので、力で攻め込まれると弱いんですね。ところが、日本には武士道があった。武士道と仏教が合体したんです。こうして日本独特の力強い思想が発展していった。この「大和魂」を思い出してほしいですね。

＊83　アボリジニ　オーストラリア大陸および、その周辺の島々の先住民。差別的な響きが強いとされ、現在では「オーストラリア先住民族」という呼び方もされるが、本書ではわかりやすさを優先し、この表記を用いた。

＊84　墨子（紀元前四五〇 - 三九〇頃）　中国戦国時代の思想家。墨家の始祖。一切の差別が無い博愛主義（兼愛）を説いて全国を遊説、当時は儒教と並ぶほどの勢力であったと言われている。

＊85　カルタゴ　現在のチュニジア共和国北部に存在した古代都市国家。フェニキア人が紀元前九世紀ごろに建設、地中海貿易を独占して大いに栄えたが、ローマ帝国とのポエニ戦争の末、紀元前一四六年に滅ぼされた。

「一割」の若者が明るい未来をつくる！

池間　先ほども言いましたが、私たちの世代より、いまの若者のほうがはるかに優れていると思います。インターネットのおかげもあって情報をみずから得ようとするし、学ぼうとする意欲が高い。軟弱なところはあるけれども、それは「心棒」を入れたら治るから。

世の中というのは、多数が引っ張っていくものではないんですよ。一割が引っ張っていくんです。**一割がしっかりとした思想を持って、七割がそれに引っ張られて、残りの二割はどうしようもないから放っておく**（笑）。これからはそんな世の中になっていくと思っています。

清水　たしかに、全体の一割くらいはすごい子がいますからね。

池間　以前、集団的自衛権の問題が紛糾したとき、「このままだと自衛隊に就職する若者がいなくなる」と民主党の議員が言っていました。でも、実際はそうではなかった。「だったら自分が命をかけて守ってやる」という子が、いっぱい自衛隊に来たんです。そういう若者がいることに、私は明るい未来を見ていますね。

清水 うちの店に来る若い子も、本を読んで、いろんなことを知っていくと、顔つきが本当に変わってくるんですよ。そういう子たちを見ていると、先生のおっしゃる通り、これからの未来が明るく思えてきますね。

池間 **将来の日本を担う「一割」に、私はこれからも大事なことを伝えていきたいと思っています。**

清水 「読書のすすめ」に来る若者たちからも、たくさんの質問が届いています。最後にいくつか答えていただけますか？

池間 ええ、喜んで。

清水 まず、われわれ若者は、先生のようにどんどん海外に出て行くべきか？ それとも、もっと日本に目を向けたほうがよいのか？ どちらだと思いますか、という質問です。

池間　両方とも必要なんです。**外国に出て行く若者ほど、日本のことを勉強したほうがいい。**そうでないと、自分が何者だかわからなくなって、自信を失ってしまう。海外の人たちだって、自国のことを何も知らない人なんて相手しませんよ。けんかしようがなんだろうが、誇り高き人間を相手するんです。ですから、海外に出て行く人ほど、自国の歴史と神話をきっちり学ぶべきです。

清水　そのうえで出て行けと。

池間　それに、**自分の国に誇りを持っている人ほど、相手の国も大事にする**んですよ。相手の文化も大事にしようって、自然に思えてくるんです。逆に、自国のことを知らない人ほど、ただ経済的に豊かなだけでごう慢になるんです。ボランティアの現場でも、そういう子はすぐに帰してしまいますね。

清水　いまの質問に関連して、これからの時代、やっぱり英語は勉強したほうがいいですか、という質問も届いています。

池間　勉強しておくに越したことはないですが、大して重要ではないですよ。私なんて、知っている単語を飛ばすだけですから(笑)。それでも、なんとかなる。若い人には、「無理してセンテンスで言うな、単語で言え」って教えています。いちばん伝えたい単語を言えば、イエスかノーで答えてくれるからって。もちろん、ちゃんとした調査のときは、日当三万円から五万円レベルの通訳をつけますよ。ようするに、使い分けだと思うんです。

清水　みんな英語に対して、コンプレックスがあるんですよね。自分なんか自慢じゃないですけど、学校の英語のテストはいつも一〇〇点だったんです。でも、ちっともしゃべれないいんですよ（笑）。

池間　つい文法を考えちゃうんですよね。英語というのは、世界でいちばん易しい言語だから世界中に広がったんですよ。そう思えば簡単なんです。それに、実際に現地で暮らしていれば、一年くらいで自然と覚えます。**それより大事なのは、「伝えたい」という思い**です。一人で海外に行けば、なんとしてでも伝えようとしますからね。単語をバンバン言ってみたり、書いてみたり、そうやって私もなんとかやってきましたから。

清水　じゃあ、先ほどのお話につなげると、英語を勉強するよりも、母国語を勉強することに力を入れたほうがいいかもしれませんね。

池間　基本は国語です。いままで海外勤務の親を持つ日本人の子どもたちをたくさん見てきましたが、国語も英語も中途半端な子どもはかわいそうです。カンボジアで出会ったある子は、日本語か、現地語か、どちらで考えればよいのかわからなくなると言っていました。頭が混乱してくるって。実際、うつ病になる子も多いですよ。**国語という基本をしっかり学んだうえで、余裕があれば英語を覚える。**そのほうがいいんじゃないかと私は思います。

起業する人が必ずやっておくべきこと

清水　次の質問です。先生は三〇歳を目前にして映像制作会社を立ち上げられましたが、どんな心境の変化があったんですか？

池間　先ほども言ったように、もともとサラリーマンとして生きる考えは一切なかったんです、子どものときからずっと。ただ、すぐに商売を始めると、自分の視野が狭くなると思った。そこで若いうちは、いろんなことを経験しようと思って、新聞屋から、牛乳屋、肉体労働、ホストクラブ、ダンスクラブまで、いろんな仕事をしましたよ。ストリップ小屋にいたことだってあります。だいたい、三〇から四〇は仕事をしましたね。その後、起業するなら大企業のことも知らなくちゃいけないと思って、電機メーカーのシャープに入ったんです。

清水　波乱万丈の人生ですね。

池間　ところが、「これだけ経験を積んだから大丈夫だろう」と思って商売を始めてみたら、うまくいかないんです(笑)。潰れて、起き上がって、また潰れて、そのくり返しですよ。でも、なんとか生き残ることができましたね。まわりはみんな潰れていきましたから。

いろんな仕事をしてよかったと思うのは、人から馬鹿にされることに慣れたことですね。**人に馬鹿にされることが平気にならないと、商売だろうがなんだろうが何もできない**ですよ。逆に、人を馬鹿にすることもしなくなりました。「みんな大変なんだ」っていうことが、実感としてわかりましたから。

清水　僕のところにも「起業したい」っていう若者が相談に来たりするんですが、やっぱり「一足飛び」に成功したがる子が多いんですよ。先生が経験されたような下積みを嫌がる。

池間　さっきの話じゃないですけど、自分のことばかりで、他人に対して関心を示さない人は、起業しても潰れていきますよ。お客さんでもなんでも、相手を引っ張り上げて、スポットライトを当ててやる。**「この人を喜ばせる」っていう心を持たないと、商売なんてうまくいくわけない**ですよ。自分のことしか考えない人間なんて、誰も相手しないですから。

貧困と戦争は永遠になくならない

清水　次の質問です。やや大きな話ですが、この世から貧困そのものがなくなることはないのでしょうか。もちろんすぐには無理ですが、何十年後、何百年後かに、貧困のない世界が訪れることはありませんか？

池間　それをなくそうとしたのが、共産主義であり、社会主義ですよね。結局、資本主義よりも貧富の差が激しくなってしまった。**人間というのは欲の動物だから、貧困と戦争がなくなることはない**と思います。

清水　貧困はなくならないものとして認めて、そのうえで自分ができるサポートをしていく。

池間　そうですね。これまでの経験から言って、もっとも効果的な支援はやはり教育なんです。教育を受けた人間は、少なくとも自分の道をなんとか自分で探そうとする。文字が読めれば、新聞を読んで考える力が生まれるし、そこから自分の生きる道を探そうとするんですよ。

清水　それにしても、先生は本当に現実的でいらっしゃる。

池間　私はきれいごとは一切言いません。愛さえあれば、なんてとんでもない。このような活動をする以上は、愛は当然であって、語ることではありません。それよりも大事なのはマネジメントです。現実の貧困に立ち向かうとき、お金なくしては何もできないんですよ。国際協力の現場は美しさだけではありません。ドロドロした世界でもある。私は現地でかかわる大人たちを決して信頼しません。とにかくいっぱいだまされてきましたからね。

清水　次の質問です。世界の貧しい人たちに、この本を読んだ読者が、今日からすぐにできることはありますか？

池間　やはりお金を出すことですよ。一〇〇円でも一〇〇〇円でもいいので、自分のお金をちょっと分けることから始めてほしい。それで助かる命が、本当にいっぱいありますからね。もちろん、私の団体でなくたっていいんですよ。身近な信用できる団体に寄付をしてください。

そして、私たち日本人も、世界から助けられていまがあることを思い出してほしいんです。**世界の人々から多くの援助を受けてきた国家は、むしろ日本**なんですよ。このことを、当の日本人がわかっていない。日本は途上国に援助ばかりしていると思っている。

清水　それは多くの人が知ったほうがいい事実ですね。

池間　ユニセフなんて、敵国がつくった組織なんですよ。戦勝国のために働く組織なんです。それなのに、敗戦国である私たちを助けてくれた。日本のことを助けようと闘ってくれた人もいっぱいいいた。いちばん有名なのが、南米アルゼンチンのエビータ[*86]という女性ですね。「日本の子どもたちのために何かやろう」と言って頑張ってくれたから、たくさんのお金が集まったんです。米国の高校生も日本の子どもたちの惨状を知って、金曜日だけ給食をやめて、そのぶんのお金をすべて日本に届けていました。日本の高度経済成長を象徴する東海道新幹線や黒部ダムだって、援助によってできたんですよ。豊かになったからもう関係ない、というのは違うんじゃないかって思うんです。

清水　執行草舟さんふうに言えば、**「感謝」をするより「恩」を返せ**ですね。ところで、よく駅前で募金をつのっている人たちがいますよね。あれって実際のところどうなんですか？

池間　中にはまともな団体もあるでしょうが、わけのわからない組織もあります。本物かニセモノかを見分けるのが大事ですね。

清水　そんな「ニセモノ」にだまされないようにするには、どういったことに気をつけたらいいでしょうか。

池間　**いくらお金が入って、どんな目的でいくらお金が出ていったかを、ホームページなどできちんと公開している団体**を選んでください。ちなみにうちは、毎年必ず活動報告をホームページなどに公開しています。それを見れば、わかっていただけると思いますよ。

＊86　エビータ　アルゼンチンの女優、エバ・ペロン（一九一九‐一九五二）の愛称。フアン・ペロン大統領と結婚後は、政治にも関わるようになった。親日家としても知られている。

若者たちに伝えたい「本物の読書体験」

池間　今回、じっくり話してみて、清水さんの力強さを改めて実感しましたね。酒を飲んだら変わるけれども(笑)、ふだんはもの静かな人でしょ。でも、その中に芯の強さを感じるんです。だから、たくさんの人が集まってくるんだろうな。あと、物事を真正面からだけは見ない。つねにいろんな切り口から物事を見ていて、「ああ、すごいな」と感じることが多かったですね。

清水　自分は池間先生とお話ししていて、びっくりすることばかりでした。最初のほうでも言いましたが、自分はずっと東京で育って、苦労とか、涙とか、つらさとか、本当にないまま育ったなと気づかされるんです。自分は、米国だった沖縄が日本に変わってしまうような、そんな大変化を経験したことは一度もありません。でも、**これからはそういう大変化がいっぱい起きてくる時代**だと思うんです。

先日、ある女子高の生徒が三〇名くらい、「読書のすすめ」に来てくれたんです。そのとき「店長、何かひと言お願いします」と引率の先生に頼まれまして、しかたなくこんな偉そうな話をしました。

「申し訳ないけど、僕がみなさんの歳のころは、あんまり困ったようなことがなくて、あんまり頭を使わないで大人になってしまったんです。だからね、僕くらいの歳の大人の言うことを簡単に信じちゃいけませんよ（笑）。でもね、みなさんの時代はこれからいろいろな矛盾にぶつかります。だって、日本の歴史上はじめて人口が減る、福島の原発事故もある、地球温暖化もあるし、科学のものすごく早い発達もある。たくさんの『はじめて』を、これから経験することになるんです。

しかし、そんなに恐れることはありません。みなさんが知恵と勇気を出せば、必ず問題は解決して、さらにいい世の中になります。ただね、**そこでは必ず『本物の読書体験』が必要**です。本物の読書体験とは、自分で『なぜ？』と考えて、それを解く力を養う読書のこと。学校の試験は必ず答えが用意されているし、ネットの情報だけでは『なぜ？』は生まれません。そういう意味で、今後も読書を欠かさない大人になってね」

こんな話をしたんです。そういう意味で、先生のご経験やお話は、お若い方々にとって非常に貴重だと思うんです。僕にとっても、ものすごく「なぜ？」が増えて、ますます本を読む意欲が高まりました。本当に勉強になりました。先生のご活躍をますます楽しみにしています。ありがとうございました。

池間　こちらこそ、楽しい時間をありがとうございました。

清水　この本を読まれた読者のみなさんも、これをきっかけにさらなる「本物の読書体験」をしてくださったらうれしいです。

おわりに——すべての日本人に「誇り」と「勇気」を

池間哲郎《いけまてつろう》

私は三〇年近くアジア各地を飛び回り支援活動を続けているが、**この国際協力の基本となっているのが祖国を愛する想い**だ。それは人としても同じで、自分を愛せぬものは人様の悲しみに心向けることは難しい。自国を愛せぬものは他国を愛するのは無理だとの考え方を持つ。祖国を愛するからこそ、他国の素晴らしさを認め、民族の誇りを見ることができる。

国際協力の現場は決して甘いものではない。様々な困難が降り掛かり、騙《だま》された経験も数多く、時には暴力と対峙《たいじ》することもあった。それでも決して逃げることはなかった。池間哲郎、個人としては弱虫でだらしない人間だ。現に私の若い頃は、トンでもない男だった。何一つ真剣に取り組むこともなく、全てが適当。チョッとしたトラブルでも逃げ出していた。

　ところが、三〇代の半ばから祖国のことを真剣に学び始める。神話、皇室、歴史（特に近現代史）を知るほどに、我が祖国が、いかに素晴らしいかが解《わか》った。日本人であることの喜びを感じ、誇りを持つまでになった。「日本人の誇りを持つからこそ」心に太い柱が建ち、心棒が入り、立ち向かう勇気と我慢強さを頂いたと我が祖国に感謝する。

　多くの先人達が尊い命を捧げ、我が国を守ってくれた。多くの人々が「個」を捨て去り「公」の為に命を投げ出してくれた。「有り難い」との感謝の想いがとめどもなく溢《あふ》れる。**感謝こそ生きる力であり、成長の源である**との想いが確立された。

　私が出会ってきた異国の友人達は、「日本は素晴らしい。日本は凄い」と絶賛していた。自分の国が悪いことをした。侵略国家だなどと教えるのは我が国だけ。このままでは余りにも子ども達が可哀《かわい》そうでならない。

　もういい加減に、自虐史観的な教育と社会風潮から脱却すべきです。二六七六年の世界最長の歴史を持ち、高い道徳心と勤勉さを持つ国民が暮らす日本は素晴らしい国。

そんな祖国に対して、全ての日本人が誇りを持って人生を歩んで頂きたいとの願いは強い。

今回の清水克衛店長との対談本『凛とした日本人になれ』は、特に若者達に読んで欲しいと思う。静かながらも深い洞察力と愛を持つ清水氏の言葉は重く、私自身も彼から多くのことを学んできた。店長が勧める本は、値段の高い難しい本も多かった。「なぜこんな高い本を！」「なぜこんな難しい本を！」と恨むこともあった（笑）。が、読み通すと実に深く感動する内容だと驚愕する。店長は読書の大切さを、しっかりと私に教えてくれた。

最後に、的確な質問と意見を投げかけ話してくれた清水店長、「有り難う」。出版の労と無理難題、我がままな自分を支えてくれたイースト・プレスの石井さん、有り難うございました。

凛《りん》とした日本人《にほんじん》になれ

2016年4月29日　第1刷発行

著　者　池間哲郎《いけまてつろう》
清水克衛《しみずかつよし》

編　集　石井晶穂
発行人　北畠夏影
発行所　株式会社イースト・プレス
〒101-0051
東京都千代田区神田神保町2-4-7久月神田ビル8F
TEL:03-5213-4700　FAX:03-5213-4701
http://www.eastpress.co.jp
印刷所　中央精版印刷株式会社

ISBN 978-4-7816-1408-3